Stephan Brünjes

ITALIEN
DER NORDEN

40 Highlights abseits der ausgetretenen Pfade

360° medien

IMPRESSUM

Italien – Der Norden
40 Highlights abseits der ausgetretenen Pfade
Stephan Brünjes

Bibliografische Information der Deutschen Bibliothek
Die Deutsche Bibliothek verzeichnet diese Publikation in der deutschen Nationalbibliografie. Detaillierte bibliografische Daten sind im Internet über portal.dnb.de abrufbar.

Redaktion und Lektorat: 360° medien

Satz und Layout: Serpil Sevim-Haase

Gedruckt und gebunden:
Himmer GmbH Druckerei & Verlag | Steinerne Furt 95 | 86167 Augsburg
www.himmer.de

Bildnachweis: Seite 218

ISBN: 978-3-948097-96-7
Hergestellt in Deutschland

www.360grad-medien.de

Stephan Brünjes

ITALIEN
DER NORDEN

40 Highlights abseits der ausgetretenen Pfade

360° medien

Vorwort

„Ein Reiseführer über Norditalien? Also über Südtirol – oder?" Das war die meist gestellte Frage, immer wenn ich von diesem Buchprojekt erzählte. „Ja, Südtirol kommt auch drin vor", habe ich geantwortet. Kam aber zu keiner weiteren Erklärung. Denn meist warfen sich jetzt Kenner der italienischen Wirtschaft dazwischen: „Norditalien, das ist doch die Region, die das ganze Land überhaupt seit Jahrzehnten überleben lässt, wo Städte wie Turin und Mailand brummen – die sind doch bestimmt drin im Reiseführer, oder?" „Äh, ja – auch", konnte ich wieder nur kurz bestätigen, abermals sofort unterbrochen – diesmal von der Italien-Genießer-Fraktion: „Der Norden – aaach, der Bauch Italiens, die Emilia Romagna mit Parmigiano und Prosciutto, das Piemont mit Trüffeln und die Lombardei, wo der Campari erfunden wurde!" Es folgten oft noch Experten norditalienischer Kunst und solche für dortige Skigebiete, ferner die Fußballfans und die Espresso-Connaisseure mit ihren ebenfalls meist schwärmerisch vorgetragenen Norditalien-Erinnerungen und wohlmeinenden Themenwünschen für dieses Buch. Ich hörte gerne zu und lehnte mich zuversichtlich zurück: In diesem Reiseführer sollte vieles dabei sein, was Norditalien-Fans interessiert und begeistert.

Um es an dieser Stelle einmal geografisch korrekt zu sortieren: Die 40 Tipps abseits der ausgetretenen Pfade, die Sie in der Hand halten, führen Sie in die Region Trentino/Alto Adige (sicherlich vielen geläufiger unter Südtirol, aber nicht identisch mit diesem Sammelbegriff), ferner geht es ins Piemont, in die Lombardei, nach Venetien, in das Friaul und die Region Triest. Sowie nach Ligurien und in die Emilia Romagna. Ein Gebiet, etwas kleiner als Griechenland, in dem etwa 27 Millionen Menschen wohnen. Gut 80 Millionen Touristen reisen pro Jahr nach Norditalien, darunter etwa 14 Millionen Deutsche und vor allem: reichlich Wiederholungstäter. Sie wollen – fasziniert von der alpinen Bergwelt oder mittelalterlichen Stadtkernen, von Cucina à la Mamma oder einfach der unbeschwerten italienischen Lebensart unter zumeist azurblauem Himmel – zum zweiten bis zehnten Mal in norditalienische Städte wie Verona oder Mantua, Parma oder Ravenna. Oder raus aufs Land, in verträumte Dörfer und auf abgeschiedene Agriturismo-Landgüter, die zeigen, dass Urlaub auf dem Bauernhof mehr sein kann als Kühe streicheln und schlafen im Heuhotel.

Für sie alle macht die günstige geografische Lage den Norden Italiens zusätzlich attraktiv: Wer nur mal für ein verlängertes Wochenende hierher möchte, findet von vielen deutschen Flughäfen preiswerte Flieger, die in einer guten Stunde in Mailand, Bergamo oder Bologna landen. Von diesen mitten in Norditalien gelegenen Airports geht´s im Mietwagen oder mit der sehr zuverlässigen italienischen Bahn in kürzester Zeit ans Ziel. Reisende mit mehr Zeit wählen quasi die „Hannibal-Methode“: erst mal gemächlich die Alpen überqueren, nur eben nicht mit Elefanten, sondern mit der Bahn oder dem eigenen Auto. Die letztgenannte Variante macht die Anreise sogar zu einer wahren Ouvertüre des Norditalien-Besuchs.

Auf der Nordalpenseite, in Deutschland und Österreich, ist ja oft eher bescheidenes Wetter. Doch kaum ist etwa der Brenner passiert – schon zeigt der Himmel, dass er auch außerhalb des Hochsommers ein sattes Azurblau, Schäfchenwolken und strahlenden Sonnenschein kann. Und dann kommen sie auch schon, die norditalienischen Angebote fürs Anhalten und Verweilen – vom kurzen Espresso-Stopp bis hin zu ein paar Tagen Dolce Vita: Erst Brixen und Bozen, dann der Gardasee und Verona, bevor das italienische Autobahn-Netz sich in die Breite der Po-Ebene und weiter südwestlich bis Genua und südöstlich bis Rimini erstreckt.

Ja, auch ich bin längst Norditalien-Wiederholungstäter und möchte Sie zu Komplizen machen mit diesem Reiseführer! Mit 40 Trips und Tipps, die oft abseits ausgetretener Pfade liegen wie etwa die Kabbelei mehrerer Dörfer um die Frage, wo Caesar nun wirklich den Rubikon überschritt. Oder die Begegnung mit Veit Heinichen, dem ausgewanderten deutschen Schriftsteller, der seine Wahlheimat Triest zur Bühne seiner spannenden, auch fürs Fernsehen verfilmten Krimis macht. Andere Tipps wiederum liegen mitten auf einem ausgetretenen Pfad – etwa in Veronas Opern-Arena. Aber wussten Sie, wie es dort auf den billigsten Plätzen ist und welches Schauspiel man dort bestaunen kann?

Zusammengestellt habe ich einen bunten Mix aus Natur- und Städte-Attraktionen, spannenden Menschen, die es zu treffen lohnt, sowie Themenrouten, Shopping-Tipps und kuriosen Zielen, die einen Stopp wert sind. Alle werden übersichtlich präsentiert mit jeweils einer kurzen, zusammenfassenden Beschreibung sowie ergänzenden Angaben zu Lage, Anfahrt, Öffnungszeiten und Eintrittskosten. Fotos geben Ihnen einen ersten Eindruck, was Sie bei einem Besuch erwartet.

So, jetzt wünsche ich Ihnen viel Spaß beim Schmökern und Entdecken. Möge dieses Buch Sie schon beim Lesen mitnehmen auf eine virtuelle Vorab-Reise durch Norditalien, auf dass der handliche Reiseführer dann vor Ort in die Gesäßtasche (oder eine vielleicht in Mailand erstandene, schicke norditalienische Handtasche …) wandert und viele inspirierende, unvergessliche Momente auslöst, weil er Sie an die sehenswertesten, spannendsten Spots Norditaliens lotst.

Buon viaggio – gute Reise wünscht Ihnen

Stephan Brünjes

OPTIC

Inhaltsverzeichnis

DEUTSCHLAND
ÖSTERREICH
UNGARN
SCHWEIZ
Trient
SLOWENIEN
KROATIEN
Mailand
Verona
Venedig
Turin
Parma
BOSNIEN UND
HERZEGOWINA
Genua
Florenz
Ancona
Ligurisches
Meer
ITALIEN
Adria
Rom
Sardinisches
Meer
Bari
Neapel
Tyrrhenisches
Meer
Cagliari
Mittelmeer
Palermo
Messina
Ionisches
Meer
TUNESIEN
ALGERIEN

DEUTSCHLAND
SCHWEIZ
ÖSTERREICH
TRENTINO SÜDTIROL
FRIAUL-JULISCH VENETIEN
AOSTATAL
LOMBARDEI
VENETIEN
ITALIEN
PIEMONT
EMILIA ROMAGNA
LIGURIEN
Adria
SAN MARINO
TOSKANA
MARKEN
UMBRIEN
Ligurisches Meer
Tyrrhenisches Meer
Mittelmeer
1
2
3
4
5
6

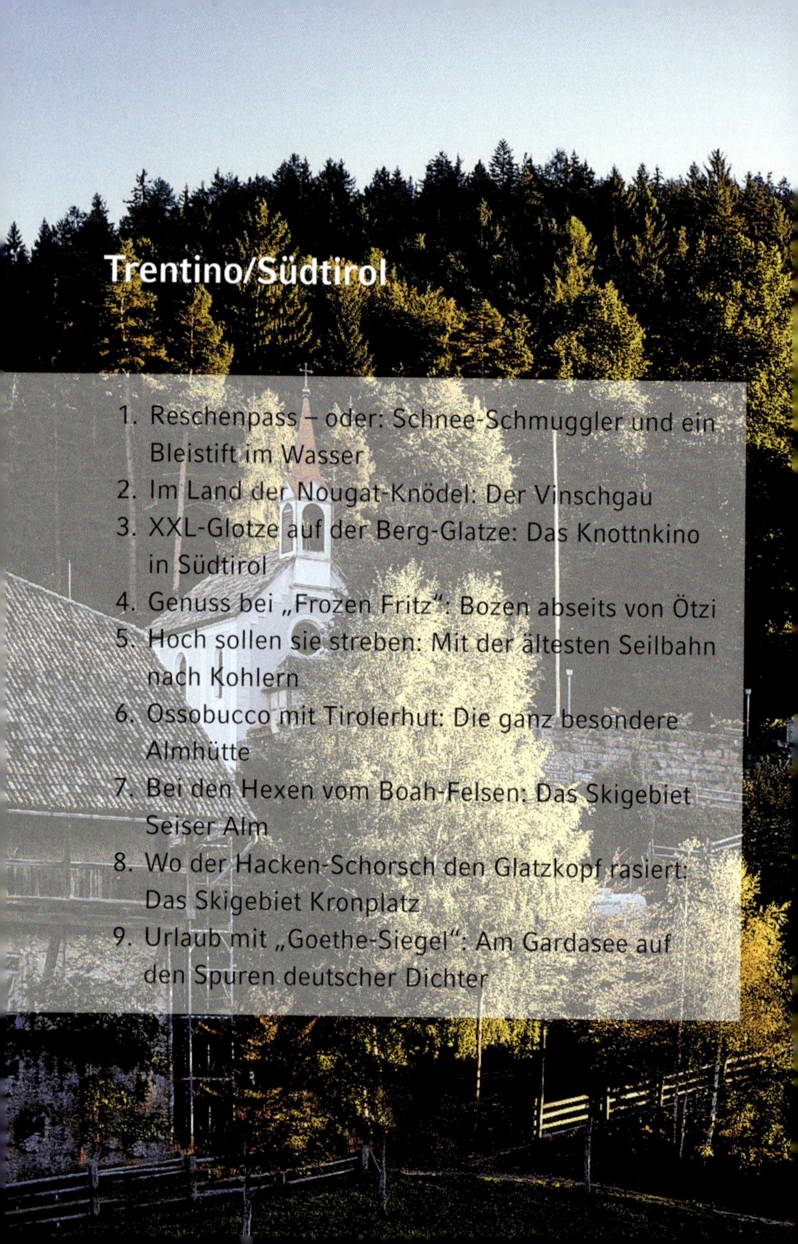

Trentino/Südtirol

Gasthof Kohlern – Endstation der weltweit ältesten Personenseilbahn

ÖSTERREICH
1.Reschenpass
2. Vinschgau
Meran
3. Vöran: Knottnkino
Bruneck
8. Kronplatz
7. Seis: Gostner Schwaige
6. Seiser Alm
4. Bozen
5. Kohlern
ITALIEN
A22
Belluno
A27
Trient
SS47
9. Riva del Garda
9.Torbole
Bassano del Grappa
Verona
A4
Padua
Venedig

1. Reschenpass – oder: Schnee-Schmuggler und ein Bleistift im Wasser

Im Skigebiet an der italienisch-österreichischen Grenze gibt es bei Liftfahrten abenteuerliche Schieber-Geschichten zu hören. Und die Antwort darauf, wie ein Kirchturm in einen See kam.

Schwer zu sagen, wem Charly ähnlicher sieht: Catweazle, dem TV-Waldschrat der Siebziger, oder doch eher Gipfelstürmer Reinhold Messner. Jedenfalls macht Karl „Charly" Jung den Liftsessel zum Kinosessel und die Bergwand zur Leinwand. Denn er projiziert seine Erzählungen förmlich hinein in die verschneite Winterlandschaft rund um Nauders am Reschenpass. Kaum zuckelt der Sessellift Richtung Lärchenalm, schon beginnt Charlys Kurzkrimi mit einem Schuss Luis-Trenker-Tremolo: Arme Bauern seien seine Eltern noch gewesen, damals in den Fünfzigern. Drum hätten sie sich was dazu verdienen müssen – mit Schmuggeleien. Und Charly mittendrin – als zehnjähriger Kundschafter-Knirps.

Karl „Charly" Jung spekulierte als Junge die Zöllner aus ...

„Geh Bua, geh spielen im Wald", sagte mein Vater nach der Schule zu mir, erzählt er – immer noch mit leuchtenden Augen. Für Klein-Charly hieß das, er sollte „die Zöllner ausspekulieren", wie er sagt. Wo laufen sie Streife, wie viele sind es heute? Aufgrund dieser „Späher-Infos" entschied sein Vater damals, ob er es wagen konnte, zwei, drei Schweine vom Tiefhof auf österreichischer Seite im Schutze der Dunkelheit über die Grenze zum italienischen Tendershof zu schmuggeln. Die Schweine bekamen vorher „Beruhigungsmittel", raunt Charly – „reichlich Schnaps, drei Schluck für die Viecher, einen für den Schmuggler, natürlich aus derselben Flasche ..."

Gerade will Charly noch erzählen, wie einmal ein unzureichend betäubtes Borstenvieh einen ganzen Schmugglertreck durch lautes Gequieke auffliegen ließ, doch in diesem Moment ist die Sesselliftfahrt zu Ende. Charly ist in seinem Revier angekommen – als Skilehrer. Und das heißt: Carven statt spähen, auf schneesicheren, zumeist rot beschilderten Pisten bis zu 2800 Meter Höhe, die sich im Laufe des Tages nicht in fies vereiste Buckel-Mittelgebirge verwandeln. Oder wedeln auf wenig befahrenen, windgeschützten Waldwegen, die auch Anfänger in Ruhe herunterschwingen können. Am Ziel warten Lifte, an denen Menschenschlangen so gut wie nicht vorkommen.

... und erzählt heute noch gerne in der Seilbahn davon.

Breite Pisten am Reschenpass, gut für Genuss-Carver

Die Talabfahrt Nr. 1 im italienischen Schöneben kreuzt die alten Schmugglerrouten. Ganz in der Nähe – der Tendershof, nur gut 50 Meter hinter der österreichisch-italienischen Grenze im Wald gelegen. Fast wie die Schmuggler früher pirschen sich heute Ski-Touristen abends an den Hof heran – auf Schneeschuhen mit Fackeln, geführt von Andreas Prantl, dem heutigen Hofbesitzer. „Mein Onkel saß in Innsbruck im Knast", erzählt er auf der Wanderung, „für den Schmuggel einer Ziege!"

Andreas Prantls Mutter hingegen hat sich nie erwischen lassen, obwohl sie so manches Ding gedreht hat – das mit den Ochsen in der Hofkapelle zum Beispiel. „Die beiden Rindviecher waren gerade auf den Hof geschmuggelt worden", erinnert sich Margarita Prantl, „da stürmten die Finanzer aus dem Wald." Die Zöllner von der italienischen „Guardia di Finanza" stellten den ganzen Tendershof auf den Kopf. Nur die Hofkapelle nicht. Denn davor ging Margarita Prantl auf und ab, tief ins Gebet versunken. Es hat offensichtlich genützt, denn die beiden in der Kapelle versteckten Schmuggel-Ochsen blieben mucksmäuschenstill.

Wie ein Bleistift ragt der Kirchturm aus dem Eis, weil ein Ort geflutet wurde.

Solche Räuberpistolen rund um Schiebereien auch mit Tabak und Zucker erzählt die resolute Frau immer noch gern ihren Gästen. Die haben es heute mindestens so gut wie damals die „Finanzer", denn nach wie vor bekommt jeder Besucher auf dem Tendershof in der warmen Gaststube mindestens die Sauerkrautsuppe nach Geheimrezept – heute die Touristen aus Gastfreundschaft, früher war's der Bestechungsteller für die Zöllner, damit sie nicht gar so genau kontrollierten. Viel zu verdienen gab's bei den Schmugglertouren damals meist nicht, viel zu verlieren hingegen schon. Umgerechnet 200 Euro vielleicht und die mussten meist noch unter vier oder fünf „Mittätern" geteilt werden. Für diesen „Reingewinn" von 50 Euro liefen sie ein hohes Risiko: Manch einer ist vorher unter einer Lawine begraben worden.

Einzig die Langläufer spuren heute an alten Schmugglerrouten vorbei, plagen sich als Neulinge allerdings während der ersten Tour auf italienischer Seite ständig mit einer Frage herum: Warum ragt dieser Kirchturm aus dem Reschensee? Und warum ist da weder eine Kirche noch ein Kirchplatz, geschweige denn ein Dorf? Die Antwort: Weil ein von Menschen ausgelöster Tsunami alles geflutet hat. Der italienische Energiekonzern Montacatini erhielt 1950 von der Regierung die Erlaubnis, den Reschensee zwecks Stromerzeugung 22 Meter höher zu stauen. Alfred Rieper, der Pfarrer des Dorfes Graun am Reschensee pilgerte bis zum Papst nach Rom, um mit seiner Hilfe die Pläne zu stoppen. Ohne Erfolg. 163 Häuser wurden überflutet, 1000 Menschen enteignet und umgesiedelt, zunächst teilweise in Baracken, ohne Grund und Boden. Heute ist der Kirchturm im See das Wahrzeichen der Region Reschenpass.

Info

Lage: Der Reschenpass liegt etwa 80 Kilometer nordwestlich von Meran.

Anfahrt: Die Region Reschen ist per Auto gut erreichbar von Meran über die Staatsstraßen SS 38 und 40.

Öffnungszeiten: keine

Eintritt: keiner

Websites:

- reschen.suedtirol.com
- tendershof.com/index.php

2. Im Land der Nougat-Knödel: Der Vinschgau

Die sonnenverwöhnte Region westlich von Meran ist bekannt für saftige Äpfel und den Ortler – mit fast 4000 Metern höchster Berg Italiens. Weitgehend unentdeckt dagegen: kulinarische Kuriositäten und seltsame Sehenswürdigkeiten.

Knödel garniert mit Garnelen ...

... oder mit Schnittlauch

Ja, da war so ein gewisses Vorab-Völlegefühl – noch vor dem ersten Bissen. Kein Wunder, bei diesem Menü: Fünf Gänge – nichts als Knödel. Egal, wir geben uns mutig die Kugel(n), fragt sich nur, wie viele es am Ende sein werden. Nummer 1 kommt mit Auberginen, Tomaten und Mozzarella auf Basilikum-Jus daher. Sehr herzhaft und gar nicht so schwer wie erwartet macht diese Knödelkomposition richtig Appetit auf den zweiten Tennisball im Schlafrock, diesmal veredelt mit Garnelen an Tomaten, in Knoblauch gedünstet. Hmm, feurig!

Nein, mit fahlen, faden Dampf-Klöpsen, die auf Berggasthof-Tellern bis zum Bauchansatz in Jägersoße baden, haben diese Kreationen nichts gemein. Schließlich wird hier kein Tagesgericht von der abgegriffenen Speisekarte geboten, sondern – bittschön – eine „Knödel-Degustation". Und die zielt auf Feinschmecker wie Weinschmecker gleichermaßen: Zu jedem Knödel wird passend ein Pinot Grigio, Merlot oder Moscato gereicht. Einmal pro Woche überrascht Paul Grüner seine Gäste im Hotel „Zur goldenen Rose" mit solchen Verkostungen unter dem Titel „Ö wie Knödel". Er will das traditionelle

Paul Grüner lädt zur Knödel-Degustation ...

Alpenpummelchen modern und weltoffen präsentieren. „Das geht nur mit einem Chefkoch aus einem typischen Knödel-Land“, sagt Grüner und grinst breit: „So wie Karim aus Marokko ...“ Er erfand hier vor Jahren immer neue Knödelvariationen, etwa die mit Nougat zum Dessert.

Hätten die Ureinwohner dieses abgelegenen Fleckens im Schnalstal geahnt, welche kulinarischen Segnungen dem Ort einmal zuteil werden, sie wären möglicherweise geblieben. Mönche des Karthäuserordens waren sie, gaben dem Herrgottswinkel anno 1326 seinen Namen und wurden 1782 vom österreichischen Kaiser vertrieben – eine düstere Geschichte, noch heute

... in seinem Gasthof „Zur goldenen Rose“.

in Blei gegossen auf dem Dorfbrunnen zu besichtigen. Gelebt hatten die 13 bis 15 Karthäusermönche in strenger Abgeschiedenheit, fast wie Häftlinge. Mahlzeiten wurden ihnen in die Zelle gereicht und zwar durch eine Klappe, die so rechtwinklig in die Tür gesetzt war, dass Mönch und Essen-Verteiler sich nicht sehen konnten. Demut statt Degustation. Die kühlen, geheimnisvollen Klostergänge sind fast vollständig erhalten. Wer hindurch schreitet, spürt noch heute ein wenig von der Enge und

Das Dorf Karthaus, versteckt in den Bergen des Vinschgaus

Verschlossenheit dieser Anlage – auch wenn hinter den schweren Holztüren längst keine Mönchszellen mehr sind, sondern kleine Wohnhäuser mit Handtuchgärten. Am intensivsten nachempfinden lässt sich die Klosterwelt beim montäglichen Rundgang „Die innere und äußere Welt der Mönche – kunsthistorische und architektonische Besonderheiten & Lebens- und Arbeitsweise der Kartäusermönche". Überhaupt, die Klöster und Kirchen: Im Vinschgau gibt's so viele gut erhaltene, dass

Demut statt Degustation im Kloster Karthaus

Kunsthistoriker über die Region von der „ältesten Kulturlandschaft Tirols" schwärmen.

Durch die Region kann man sich mit dem Auto wunderbar entspannt treiben lassen. Drängler und Licht-Huper gibt's hier nicht. Warum nicht mal abbiegen nach Glurns, der kleinsten Stadt Italiens. Nicht nur wegen der Einwohnerzahl (gut 800), so scheint es, sondern auch, weil die Häuser hier irgendwie kleinwüchsig, geduckt erscheinen. Ebenso wie Bozen und Meran hat auch Glurns Straßen mit Laubengängen, doch wer darunter entlang schlendert, zieht unweigerlich den Kopf ein. Und reckt ihn neugierig mitten im Dorf wieder hoch: Ja, richtig, da ist eine Mini-Weide, mit gemütlich wiederkäuenden Kühen drauf. Gleich daneben: ein riesiger Misthaufen, der die Straße fast komplett blockiert. Kein Wunder, dass diese so gar nicht touristisch aufgehübschte Modelleisenbahn-Idylle regelmäßig

Dorf-Alltag in Italiens kleinster Stadt Glurns

Besuch von Filmteams bekommt. Ein Streifen über den Tiroler Freiheitskämpfer Andreas Hofer entstand hier ebenso wie „Annas Heimkehr", ein Kriegsdrama um eine jüdische Familie mit Veronika Ferres.

Info

Lage: Das Schnalstal und das Dorf Karthaus liegen 26 Kilometer westlich von Meran.

Anfahrt: Mit dem Auto fährt man auf der Brennerautobahn (A22) bis zur Abfahrt Bozen Süd, dann auf die Autobahn nach Meran. Kurz dahinter beginnt der Vinschgau.

Öffnungszeiten: keine

Eintritt: keiner

Websites:

- merano-suedtirol.it/de/schnalstal/natur-kultur/erholung-natur/silentium.html
- goldenerose.it
- knoedel.it

Spezial-Rezept „Knödel à la Karim"

Feine Schokoladenknödel (ca. 12 Stück)

Zutaten

- 250 g trockene Semmel in Würfel geschnitten
- 250 g flüssige Zartbitterschokolade
- 150 g Milch
- 15 g Rum
- 15 g Zitronensaft
- 1 Päckchen Vanillezucker
- optional: gehackte Nüsse

Zubereitung

Die Schokolade mit Milch, Rum, Zitrone und Zucker mischen und über die Brotwürfel geben. Die Masse quellen lassen. Knödel formen. Die Knödel werden in der Fritteuse bei 160 Grad für ca. vier Minuten frittiert.

3. XXL-Glotze auf der Berg-Glatze: Das Knottnkino in Südtirol

30 Kinosessel hat ein Landschaftskünstler in der Nähe des Örtchens Burgstall vorn auf die Spitze einer Felsnase gestellt. Wer hin wandert, bekommt kostenlos einen einmaligen Naturfilm zu sehen – in dem die Natur selbst Regie führt, mit Sonne, Wolken und Regenschauern.

Die erste kühle Erfrischung auf der langen Wanderung kommt aus einem eiskalten Bergbach, der in einen ausgehöhlten Baumstamm plätschert. Das Ziel erscheint am Wegesrand immer wieder in Form einer guten Ausschilderung: Knottnkino steht auf den Holzpfeilen, die zwischen Knabenkraut und Glockenblumen aus dem gut befestigten Wanderweg aufragen. Bauernhofbesitzer haben Wasserkanister aufgestellt, aus denen man sich gegen eine Spende einen Becher zapfen kann. Die Strecke hat etwas von einem Pilgerpfad. Nicht überfüllt, aber es sind Familien, Wandergruppen und Einzelkraxler unterwegs – alle mit einem Ziel: das Knottnkino.

Naturkino auf 1465 Meter

Das Knottnkino bei Meran

Einige hundert Meter vor dem Ziel ein letzter, steiler Anstieg auf 1465 Meter. Dann geht der Vorhang auf. Einer aus Tannenzweigen, die man zur Seite schiebt und nun auf einem Felsplateau steht, auf das 30 Kinosessel montiert sind. Nach einstündigem Aufstieg über Schotterwege und sattgrüne Wiesen lassen sich die hier ankommenden Besucher erschöpft reinplumpsen und schauen nun für mindestens eine halbe Stunde einen grandiosen Naturfilm – nicht auf einer Leinwand, sondern live, direkt vor der Nase: am Horizont die weißen Riesen der Texel-Berggruppe, der Blick reicht bis zum Gantkofel

und weiter zum Weißhorn. Darunter erstreckt sich das Etschtal wie eine XXL-Patchworkdecke, eingerahmt vom Farbenspiel von Wolken und Sonne auf den Bergrücken und im Tal.

Franz Messner, ein Südtiroler Landart-Künstler, schuf diese Installation und erinnert sich, wie es dazu kam: „Im Jahr 1999 wurde ich vom Vöraner Bürgermeister Alfons Alber eingeladen, für die Gemeinde Vöran ein Kunstprojekt zu entwickeln und dieses bei dem von der Südtiroler Landesregierung ausgeschriebenen Millenium-Wettbewerb einzureichen. Auf der Suche nach einem geeigneten Ort kam ich auf den Rotsteinknott, und der ganz besondere Charakter dieser Anhöhe nahm mich sofort gefangen. Beim Rundblick auf das Tal und die umliegenden Berge und Täler erlebte ich eine sich ständig verändernde Landschaft, getragen vom Wechselspiel zwischen Licht und Schatten. Ich war tief beeindruckt!"

Knottn bedeutet im Südtiroler Dialekt Fels. Vor Millionen von Jahren, als der Tschögglberg von Lava und Aschenregen geformt wurde, entstanden diese weinroten, runden Kuppen. Solche Felsformationen sind in Südtirol einmalig, in Vöran kann man gleich drei davon finden: den Beimsteinkogel sowie den Untersteinkogel und eben den Rotsteinkogel – mit dem Knottnkino drauf. Jede Vorstellung hier ist gratis und regelmäßig ausverkauft – jeder Klappstuhl aus Stahl und Kastanienholz mit Wanderern

Aus 30 Kinosesseln sieht man alle paar Minuten einen neuen „Naturfilm".

besetzt. Popcorn-Rummel? Gibt's hier nicht. Allenfalls die raschelnden Blätter der Bäume erinnern entfernt daran. Doch die meisten Besucher sind viel zu ergriffen und hören es nicht. Mit offenen Mündern staunen sie – jedes Mal wieder. Heute ist es quasi eine Naturdoku aus erster Hand – sogar mit einem in der Ferne kreisenden Adler. Manchmal aber zeigt das Knottnkino auch einen Thriller – etwa wenn sich düstere, bedrohlich wirkende Wolken über die Bergketten schieben und Blitz und Donner durchs Etschtal krachen lassen.

Nur ein Zuschauer ist davon gar nicht begeistert – der kleine Florian. Der Fünfjährige schreit seine Mutter voller Enttäuschung an: „Das ist gar kein großer Fernseher – ich will jetzt sofort den Film sehen, den du versprochen hast!"

Manche Kuh würde gerne mitgehen ins Knottnkino.

Info

Lage: Das Knottnkino liegt 17 Kilometer südöstlich von Meran.

Anfahrt: Mit dem Auto auf der Brennerautobahn (A22) bis zum Abzweig nach Meran auf die SS38. Von Meran aus über die SP8 und die SP98 bis zum Parkplatz oberhalb des Gasthofes Alpenrose in Vöran. Von hier führt der kürzeste Wanderweg zum Knottnkino – über den Weg Nr. 11 und den Weg Nr. 14. Auf dieser Strecke ist das Knottnkino in etwa 40 Minuten vom Gasthof aus zu erreichen.

Öffnungszeiten: keine

Eintritt: keiner

Website: merano-suedtirol.it/de/hafling-voeran-meran-2000/natur-kultur/sehenswuerdigkeiten/knottnkino-in-voeran.html

4. Genuss bei „Frozen Fritz“: Bozen abseits von Ötzi

Ötzi ist Bozens A-Promi, einst gefunden von Wanderern im Gletschereis oberhalb des Südtiroler Schnalstals. Heute liegt unser aller Urahn im Südtiroler Archäologiemuseum in Bozen. Nach einem kurzen Verwandtenbesuch gibt's Wanderwege, Stöberläden und einen Kult-Wirt in Südtirols Sonnenstadt zu entdecken.

Ach, die lieben Verwandten: Ist man mal in der Nähe, schaut man gern kurz bei ihnen vorbei. Auch bei Ötzi, unserem – na ja – sehr weit entfernten Onkel. Schließlich starb er schon vor 5000 Jahren und tau(ch)te 1991 überraschend wieder auf. Unser letzter Besuch vor seiner mit minus sechs Grad stets etwas fußkalten Bozener Einraumwohnung im Südtiroler Archäologiemuseum ist ein paar Jahre her, also mal sehen, was es bei ihm so Neues gibt. Geplagt vom Peitschenwurm hatte er Bauchweh und Übelkeit, sagen die ihn (immer noch) behandelnden Ärzte. Ohne Weisheitszähne musste Ötzi sein Steinbockfleisch kauen und litt schon damals unter heute weit verbreiteten Zivilisationskrankheiten: Bandscheiben- und Kniebeschwerden. Diese und andere neuere Befunde können Besucher

Hat er nicht Ähnlichkeit mit Onkel Enno?

quasi als Hobby-Röntgenologen selbst ermitteln: Denn auf einem lebensgroßen Flachbildschirm ist ein digitales Abbild von Ötzi zu sehen. Darauf kann man per Computermaus von Kopf bis Fuß herumfahren und bekommt die einstigen Wehwehchen von „Frozen Fritz" (Spitzname der Briten) angezeigt.

Ötzis Überreste sind die Attraktion in Bozen ...

Nun ja, und dann lernt man in Ötzis Mumien-Pflegeheim auch – sagen wir mal – seine Eventuell-Verwandtschaft kennen. Joachim Oltmann aus Kornwestheim etwa. Von ihm liegt ein Brief aus, den er bald nach dem Fund der Gletscherleiche an die Zeitschrift „Stern" schrieb. Es handele sich bei Ötzi, schreibt der gute Mann, eindeutig um seinen Onkel Enno aus dem westfälischen Vlotho – 1934 mit dem Fahrrad verunglückt und danach verschollen. Renate Spiekermann hat da Einwände und gleich ein ganzes Buch darüber verfasst, dass sie vor 5000 Jahren angeblich selbst in Ötzis Körper lebte.

... und die Promenade bietet die besten Foto-Spots.

Bozens Fassaden sind ebenso Hingucker …

… wie der meist sonnige Walther-Platz.

Steht ebenfalls im Kuriositätenkabinett – neben Ötzi-Schoko-Mumien, Ötzi-Wanderstockplaketten und einem Bild vom Ötzi-Tatoo auf Brad Pitts Unterarm. Hier darf natürlich Bergsteigerlegende Reinhold Messner nicht fehlen, der schon vor Jahren – anlässlich des 20. Jahrestages der Gletschermumien-Entdeckung zu Protokoll gab: „Ötzi ist und bleibt der wichtigste Tiroler".

Wie die meisten Verwandtenbesuche muss auch dieser bei Ötzi, dem wohl am weitesten entfernten, angemessen verarbeitet werden – am besten beim anschließenden Cappuccino in Bozens guter Stube! Mein Gott Walt(h)er – was für ein Platz! Freie Sicht auf das Mosaikdach des gotischen Domes, auf Hastende und Rastende rund um den Brunnen mit dem Namenspatron des Platzes, Minne-Dichter Walther von der Vogelweide. Eingerahmt wird diese Szenerie vom Zackenrand der Berge. Die Etage darunter lohnt den Besuch. Einmal rum – über die luftige Promenade am Fluss Talfer mit tollen Panoramablicken auf die Stadt geht's wieder hinein in Bozens Herz, zum Shopping in der Via Portici unter den Laubengängen, in der Via Museo und Via Bottai. Unter dem Vorwand Hustenbonbons zu benötigen, gelingt ein ausführlicher Rundblick in der 570 Jahre alten Madonna-Apotheke (Via Portici 17). Edle Schuhe und Taschen sowie Filzhüte gibt's bei Rizzoli (Via Portici 60). Liebhaber von Glas, Keramik und selbst geschnitzten Weihnachtskrippen können bei Tschager (Piazza Municipio 7) gleich auf fünf Etagen stöbern.

Der Blumenmarkt mit Dom

Egal welche dieser Gassen man entlang schlendert, Endstation ist immer der Obst- und Gemüsemarkt. Ein tägliches Paradies mit langen Öffnungszeiten für Liebhaber von Gewürzen, Frisch- und Trockenfrüchten, Blumen und Gemüse sowie Exoten. Sollte sich gerade eine ganze Reisebusbesatzung den Unterschied zwischen „Corbezzoli" (erdbeerartige Baumfrüchte

Bozens Obst- und Gemüsemarkt ...

... und Kult-Wirt Cobo

vom Gardasee) und „Giuggiole" (olivengroße, maronenartige Früchte mit Dattelaroma) erklären lassen, einfach rechts abbiegen in die Dr.-Streiter-Gasse 26a und auf einen Drink bei Cobo vorbeischauen, Bozens Kult-Wirt.

Er sieht aus wie Hobbythek-Moderator Jean Pütz mit Hermann-Hesse-Brille, war früher Dekorationsmaler in Südtiroler Hotels, zeichnet heute Bozen-Comics und betreibt eine einzigartige Bar, die „Fischbänke". Benannt nach marmornen, altarartigen Tischen, auf denen früher Fische zubereitet und verkauft wurden. Heute sind sie Abstellfläche für Aperol Spritz und Hugo-Drinks, überdacht von bunten japanischen Papierschirmchen und ebensolchen Lampions. Promis wie Frank-Walter Steinmeier und Cem Özdemir sollen auch schon dagewesen sein. Angeblich kennt Cobo alias Rino Zullo die Stadt so gut wie jeden Winkel seiner Bar, aber heute ist ihm nicht viel mehr zu entlocken als „Bolzano – Paradiso, certamente!" Ähnlich simple Lebensweisheiten pinselt er auf Pappen und Tafeln, die über den Fischbänken baumeln: „Besser heute zum Wirt als morgen zum Psychiater". Und wer wirklich reif für den Psychiater ist, kann gleich bei Cobo sitzenbleiben, deklariert er seinen Laden doch als „Special Streetfood-Restaurant plus Erste Hilfe Psycho-Präsidium".

Info

Lage: Bozen liegt drei Autostunden südlich von München.

Anfahrt: Mit dem Auto auf der Brennerautobahn (A22) bis zur Abfahrt Bozen Nord, von hier aus geht's bequem ins Zentrum und auf die umliegenden Berge. Preiswerte Flüge gibt's z. B. ab Frankfurt/Main und München.

Öffnungszeiten: Ötzi-Ausstellung dienstags bis sonntags 10 bis 18 Uhr

Eintritt: 9 Euro

Website: iceman.it

Cobos Straßenlokal – die Fischbänke

5. Hoch sollen sie streben: Mit der ältesten Seilbahn nach Kohlern

Immer auf Draht ist sie und das seit mehr als 110 Jahren: Die Kohlerer-Bahn bei Bozen ist die älteste Personenseilbahn der Welt und bis heute ein Höhenflug der besonders nostalgischen Art.

In Bozens guter Stube, auf dem Walther-Platz, lässt man beim Eiscafé den Blick schweifen und blickt im 360-Grad-Schwenk auf das Mosaikdach des gotischen Domes und zwischen den Häusern des Platzes immer wieder auf Teile der Berggipfel, die der Stadt eine – wenn auch großzügige – Schüssellage gewähren. Also nichts wie hoch! Zunächst hoch aus dem wirklich gemütlichen Stuhl der Bar Domino, dann hoch nach Kohlern, sozusagen auf Bozens Hausberg.

Die älteste Personen-Seilbahn der Welt

Statt auf der spucktütenpflichtigen Endlos-Serpentinenstraße geht's viel angenehmer per „Funivia", in einer Gondelbahn. Aber nicht irgendeiner, sondern der weltweit ersten „zur öffentlichen Personenbeförderung bestimmten und zugelassenen Bergschwebebahn" der Welt. Und wie wacklig und windig die ersten wagemutigen Personen ab 1908 den Höhenunterschied von immerhin 795 Metern hoch gondelten, das lässt sich oben in Kohlern auf gut 1100 Meter noch besichtigen: Nachbauten der überwiegend hölzernen und noch offenen Kasten-Gondeln stehen im Wald, ein paar Schritte von der Gipfelstation entfernt.

Historische Kabinen ...

„Damals warteten hier Kellner und lasen den aussteigenden Gästen aus Speisekarten vor, um sie in ihre Restaurants zu locken", erzählt Josef Schrott, Inhaber des „Gasthofs Kohlern". Es war die Zeit der Sommerfrische, also der Kurzurlaube reicher Bürger auf dem Land während der warmen Monate. Schon damals hat sich auch der „Gasthof Kohlern" vom Herrenhaus zu einem stattlichen Anwesen in Toplage entwickelt. „Panorama-Hotel" nennt es sich heute – wohl wegen des wirklich einzigartigen Ausblicks über Bozen und halb Südtirol. Ein irreführendes Etikett, denn vor allem verbindet dieser Gasthof

... und Postkarten der Kohlern-Bahn

den Komfort des 21. Jahrhunderts mit Sommerfrische-Ambiente der Kaiserzeit: detailgenau restaurierte Zimmer, alle in bäuerlichem Jugendstil gehalten. In der lichtdurchfluteten Riesen-Veranda könnte sofort ein Luis-Trenker-Film gedreht werden, und an der Rezeption knistert's wohlig im grünen Kachelofen.

Der Kohlernhof

Dabei startet Kohlern vor 100 Jahren als jüngster und bescheidenster unter Südtirols Sommerfrische-Orten. Weder landwirtschaftlich noch gesellschaftlich konnte er mit Ritten, der Konkurrenz auf dem Hang gegenüber, mithalten, wie Theodor Höniger in seinem Altbozener Bilderbuch bemerkt. Trotzdem: Gastwirt Josef Staffler kauft 1899 den

Uhlenhof mit den dazugehörigen Wiesen und Wäldern, einer Kapelle und einem Haus in bester Lage mit Topaussicht über den gesamten Bozener Talkessel. Doch wie sollten die Gäste da hinaufkommen?

Staffler plant einen elektrisch betriebenen Drahtseilaufzug. Denn der kostet nur ein Drittel einer Standseilbahn, darf aber nur für Materialtransporte eingesetzt werden. Egal, sagen sich viele Sommerfrischler, hocken sich neben die Milchkannen in die Transportkiste und lassen sich nach oben gondeln. Im Jahr 1908 gibt es dann die ersten beiden Gondeln für den Personentransport. Wie übergroße Kleiderschränke an einem Zwirnfaden sehen sie aus, befördern 100.000 Menschen nach Kohlern und müssen schon nach zwei Jahren wieder am Boden bleiben. Der Grund: neue Sicherheitsbestimmungen. Die Seile müssen um das Fünffache verstärkt werden, und eine neue Betriebsordnung tritt in Kraft, mit 120 Paragrafen. Der 13. lautet: „Unterhaltungen mit dem Wagenführer sind während der Fahrt verboten." Eigentlich überflüssig, diese Vorschrift, denn den Fahrgästen verschlägt es angesichts der grandiosen Aussicht ohnehin die Sprache – bis heute.

Panorama-Blick aus dem Gasthof Kohlern

Info

Lage: Kohlern liegt oberhalb von Bozen, auf der Südseite der Brennerautobahn.

Anfahrt: Mit dem Auto auf der Brennerautobahn (A22) bis zur Abfahrt Bozen Nord, von hier aus geht's bequem ins Zentrum und auf die umliegenden Berge. Preiswerte Flüge gibt's z. B. ab Frankfurt/Main und München.

Öffnungszeiten: 7 bis 19 Uhr, Fahrten alle halbe Stunde (Kohlerer Bahn)

Eintritt: 8 Euro (Hin- und Rückfahrt. Hinweis auf der Website: Schoßhunde fahren gratis!)

Website: kohlern.com/de/der-gasthof-kohlern/die-historische-seilbahn.html

6. Bei den Hexen vom Boah-Felsen: Das Skigebiet Seiser Alm

Auf Europas größtem Hochplateau carven Skiläufer auf Pisten-Autobahnen, bestaunen einmalige Felsmassive, und Tempobolzer können Weltcuphelden spielen.

„Fohrt's `nunter ohne Zeng", ruft Skilehrer Johann seiner Gruppe zu. Wie bitte – ohne Zeng? Johann fährt sich mit der Hand durch die wirre Klaus-Kinski-Frisur und durchkämmt dabei nicht nur seine Haare, sondern im Geiste auch seinen italienischen und deutschen Sprachschatz. Vergeblich. Zeng sei eben südtirolerisch, so was ähnliches wie Angst, erklärt er etwas ratlos. Dafür hat Johann gute Tipps für alle, die das Skigebiet Seiser Alm durchkämmen wollen.

Schon die Einfahrt in die Bergstation eben war ein einmaliges Winterpanorama: Schnee soweit das Auge reicht, genau gesagt 52 Quadratkilometer. Die Seiser Alm, Europas größtes Hochplateau, hat Platz für eine Kleinstadt. Die gibt es hier oben – im Gegensatz zu manch anderem alpinen Skigebiet – jedoch nicht. Stattdessen nur ein paar in die Hänge geduckte Holzhütten. Daneben reichlich Pisten, manche so breit wie sechsspurige Autobahnen, aber oft nicht viel stärker befahren als diese an einem autofreien Sonntag. Ein ideales Trainingsgebiet für Anfänger und Familien also. Ungestört radieren sie ihre Pflugbögen in gut präparierten Schnee.

Doch oben angekommen auf 2220 Meter Höhe ist Abfahrt erst mal Nebensache. Denn Hauptsache ist hier ein Bergmassiv, das offensichtlich „Boah" heißt. Jedenfalls ruft das jeder zweite, der aus dem Sessellift hüpft.

Der Schlern – Wahrzeichen der Seiser Alm

„Schlern“ ist der richtige Name dieses Südtiroler Kultfelsens. Nirgendwo beherrscht er deutlicher das Panorama der Seiser Alm als hier. Hexen sollen früher um das schroffe Massiv auf ihren Besen herumgedüst sein und den Schlern heute noch von Zeit zu Zeit in geheimnisvollen Nebel hüllen. Findige Tourismusmanager haben aus der Sagenwelt die Hexentour gemacht: eine Art Skischaukel über fast alle Liftanlagen der Seiser Alm. Überall auf der Hexentour stehen kantige hölzerne Pfosten mit einem Geheimfach. Darin steckt eine Mappe mit je einer Hexengeschichte und jeder Menge Hexengerichten: Wer Holzspieß mit Hexensauce möchte, muss zum „Panorama“-Restaurant fahren, Penne nach Hexenart gibt's im „Zentral“ und den Hexen-Lumumba im „Ikaro“.

Skischaukel mit Hexen-Pfad

Doch dafür sollte man vorher ein wenig die Oberschenkel brennen lassen – auf der Goldknopf-Piste etwa. Hier rufen Söhne kurzerhand den „Weltcup-Tag“ aus, erklären sich selbst frech zum „Pisten-King“ und weisen ihren Vätern die Rolle einer Schnee-Schnecke zu, die es beim Rennen nie auf's Treppchen schaffen wird. „Abwarten, Freundchen“, fühlt sich der „Papanator“ herausgefordert – beim High Noon an der Goldknopf-Abfahrt, einer von fünf Speedpisten mit Zeit- oder Geschwindigkeitsmessung, der Spezialität im Skigebiet Seiser Alm. 300 Meter ist diese lang, mit 72 Meter Höhenunterschied und bis zu 28 Prozent Gefälle. Genauer: widerlich steil. „Markus, mein Skilehrer, ist hier mit 96 Sachen runtergedüst“, sagt der junge Wilde noch, stürzt sich als erster in die weiße Schneerinne und ist Sekunden später nur noch als schwarzer Punkt zu sehen.

Schuss ist hier ein Muss, wer Stemmbögen fahren will, sollte lieber schnell eine Oberschenkelzerrung erfinden und abschnallen. Also hinterher! Wie sagte Johann, der Skilehrer, noch? „Fohrt's `nunter ohne Zeng!" Hose und Jacke flattern, die Skispitzen auch und die Knie sowieso. Zieleinlauf mit Ohrensausen, aber ohne Sturz. Empfang durch den jubelnden Junior: „73 km/h!" Das war seine Zeit. Für seinen Vater hat es lediglich zu einer unerheblichen Geschwindigkeitsüberschreitung in einer Tempo-30-Zone gereicht ...

Speed-Piste – hier fordern Söhne ihre Väter heraus.

Info

Lage: Die Seiser Alm, Europas größtes Hochplateau, liegt ca. 20 Kilometer nordöstlich von Bozen.

Anfahrt: Mit dem Auto fährt man auf der Brennerautobahn (A22) bis zur Abfahrt Klausen, von dort 17 Kilometer bis Kastelruth, von hier aus der Ausschilderung Richtung Seiser Alm (weitere 24 Kilometer) folgen.

Öffnungszeiten: die üblichen für Skigebiete

Eintritt: Der Tages-Skipass für das zusammenhängende Skigebiet Gröden/Seiser Alm kostet 56 Euro, eine Woche (7 Tage) 299 Euro.

Website: seiseralm.it

7. Ossobucco mit Tirolerhut: Die ganz besondere Almhütte

Aufgewärmtes Mikrowellenessen in der Carving-Pause beim Skifahren oder während der Wanderjause? Muss nicht sein – wenn man den Weg findet zum Sternekoch auf der Gostner Schwaige in Südtirol.

Von der Kante in die Kantine – so sieht meist der Einkehrschwung aus, wenn Skifahrer mittags Hunger haben. Runter von den Brettln, rein in die Schlange der SB-Restaurants. Der Teller lauwarme, pappige Spaghetti Napoli, eine Apfelschorle und 'ne Quarkspeise – für dieses Ein-Sterne-Menü ist an der Kasse meist ein Vier-Sterne-Preis fällig. Dann der allmittägliche Jonglier-Parcours mit Parkplatzgerangel: In klobigen Skistiefeln das Plastiktablett unfallfrei an einen nicht besetzten Tisch bugsieren und dabei schneller sein als die ebenfalls suchende Konkurrenz, die sich schon an der Kasse vorgedrängelt hatte.

Hier geht´s zur besonderen Skihütte.

Es geht auch anders – gemütlicher, gesünder und dabei sogar preiswerter. In einer Skihütte, die diesen Namen noch verdient, mit einem Koch, der nicht mit Gulaschkanonen auf Gäste schießt, sondern ihnen pfiffige, kreative Gerichte auftischt: Franz Mulser. Der Meisterkoch hat unter anderen im Münchner Gourmettempel „Tantris" gelernt und diesen – nach einer Station auf Mallorca – mit einer Blockhütte auf 1930 Meter Höhe getauscht – mitten in Südtirol, im Skigebiet Seiser Alm, seiner Heimat – im Sommer ein beliebtes Höhenwandergebiet. Hier in der „Gostner Schwaige" hat Mulser eine der letzten Schanklizenzen des Hochplateaus ergattert und sich seine ganz persönliche Herausforderung geschaffen.

Nur zweieinhalb Quadratmeter groß ist die Küche, wenige Gasflammen und ein Mini-Backofen müssen reichen, um den einkehrenden Skifahrern und Wanderern täglich Einzigartiges auf die Teller zu bringen. Heublütensuppe zum Beispiel, zubereitet mit Wiesenpflanzen, angerichtet in einem ausgehöhlten Ciabatta-Brot. Eine Augenweide und ein Gaumenschmaus

zugleich – seit Jahren der Hit auf der Schwaige. Viele Gäste wollten schon das Rezept. „Ist aber streng geheim", bedauert Franz Mulser, wie immer lächelnd. Die Kinder unter seinen Gästen schwören auf Franzls deftigen Kaiserschmarrn aus der Langstielpfanne, die Eltern auf einheimischen Hirsch und zartes Ossobuco vom Milchferkel – alles übrigens zu zivilen Preisen von Mulser mit Kinderhandschrift in eine Speisekarte gekritzelt, die die maximal 25 Gäste zwischen zwei dünnen Baumrinden-Stücken aufklappen.

Leckere Heublütensuppe im Ciabatta-Brot

Vieles darin veredelt Franz Mulser mit Aromen aus Wald und Wiese, experimentiert dabei mit Harzen und Baumrinden, Gräsern und Kräutern sowie Blüten. Das findet sich dann in Namen auf der Speisekarte wieder, die schon beim Lesen für Kopfkino und wässerigen Mund sorgen. Kostprobe? Bitte, gern: „Almwiesenbandnudeln mit Zirbelzapfenpesto". Oder „In Lärchenhonig geschmorte Kaiserbirne mit Vanille-Rum-Eis und Haselnusskrokant". Und „Tee aus Alm-Aroma mit Steinpilzpraline".

All diese Köstlichkeiten genießt man auf der Terrasse und bestaunt die bis zu 2600 Meter hohen Rosszähne, ein rotes Felsmassiv vor meist blauem Himmel. Aus den offenen Fenstern der Bonsai-Küche dringt ein italienisch-deutsches Sprachgemisch nach draußen, das vor allem eines klarmacht: Da drinnen muss nicht viel geredet werden, in Mulsers eingespieltem Team sitzt jeder Handgriff. Fertige Teller werden per Kuhglocke „gemeldet". Rund um die Schwaige (bayerisch-österreichisch für Alm) betreibt Franz Mulser seine eigene Almwirtschaft mit zwölf Hektar Land für die etwa zehn Milchkühe, für Kälber, Schafe und Lämmer. Die Holzhütte mit dem heutigen Restaurant stammt aus dem 19. Jahrhundert und wurde ursprünglich als sommerlicher Außenposten für die Viehversorgung des Aussergostnerhofs genutzt, von dem die Familie Mulser stammt.

Zum Abschluss noch ein selbst gebrannter Schnapsl. Den schenkt der Meisterkoch persönlich aus und erzählt, wie er auf viele seiner kulinarischen Kreationen kommt: „Mit meinem Opa war ich viel im Wald und auf den Bergen unterwegs. Er hat mir beigebracht, was man alles essen kann. Gelernt hat er das nach dem Krieg, da musste er sich als Deserteur in den Bergen verstecken." Spricht's und lächelt dabei wieder verschmitzt unter seinem Tirolerhut.

Franz Mulser, verschmitzter Meister-Koch auf der Alm

Info

Lage: Die Gostner Schwaige liegt mitten im Skigebiet Seiser Alm, oberhalb des Ortes Seis und ist gut ausgeschildert.

Anfahrt: Mit dem Auto fährt man auf der Brennerautobahn (A22) bis zur Abfahrt Klausen, von dort 17 Kilometer bis Kastelruth, von hier aus der Ausschilderung Richtung Seiser Alm (weitere 24 Kilometer) folgen.

Öffnungszeiten: kein Ruhetag, aber am besten vorher anrufen: +39 347 836815. Abends nur mit vorheriger Anmeldung!

Eintritt: keiner

Website: aussergost.com

8. Wo der Hacken-Schorsch den Glatzkopf rasiert: Das Skigebiet Kronplatz

Auf einem fast 2300 Meter hohen Plateau saust man schon mal auf selbstgebauten Sitz-Ski die Hänge runter, genießt kilometerlange Talabfahrten und südliche Sonne.

Zuerst sind da diese beiden Jungs unterm Plateau-Sessellift: Wie wendige Eichhörnchen wieseln sie zwischen den Skifahrern durch, merkwürdig geduckt. Aber worauf eigentlich? Ein zweiter, flüchtiger Blick schafft etwas Klarheit. Jeder von ihnen sitzt offenbar auf einem Ski. Doch der Sessellift schaukelt zu schnell aufwärts, daher bleibt für ein präziseres Luftbild dieser merkwürdigen Brettl-Hocker keine Zeit. Vorerst.

Oben angekommen bannt der Kronplatz fast magnetisch alle Blicke aussteigender Neuankömmlinge. Wo gibt's das schon – ein 2275 Meter hoch

Die Bergstation Kronplatz – wie ein Raumschiff im Schnee

Die Friedensglocke auf dem Kronplatz-Plateau

gelegenes, tief verschneites Plateau, auf das bequem fünf, sechs Fußballplätze passen? Mit Gipfelrestaurant im Bahnhofshallen-Format, Après-Ski-Hütten, einer kleinen Kapelle und einer 18 Tonnen schweren, drei Meter hohen Friedensglocke. Die läutet mittags kurz nach zwölf Uhr und immer wenn irgendwo auf der Welt die Todesstrafe abgeschafft oder ein Krieg beendet wird.

Einer Südtiroler Sage nach soll hier oben Prinzessin Dolasilla gekrönt worden sein und dem Plateau seinen Namen gegeben haben. Die heutigen Kronjuwelen dieses Skigebiets sind seine Pisten, deren Breite eine sechsspurige Autobahn spielend übertrifft. Enge Kurven? Schmale Ziehwege? „Hier jibbet nur Highways", freut sich Jupp aus dem Rheinland – „joot präpariert". In nahezu alle Himmelsrichtungen schwingen die Abfahrten vom Kronplatz hinunter. „Sylvester" und „Herrnegg" etwa, zwei schwarze Pisten mit atemberaubendem Weitwinkel-Talblick nach Bruneck – die ideale Strecke für alle, die nach fünf Kilometern Steilwand-Carving an der Talstation ihre brennenden Oberschenkel spüren wollen.

Richtung Olang hingegen geht's auf blauen und roten Hängen gemächlicher runter. Unten im gleichnamigen Ort dann die nächste Begegnung mit der dritten Art: nicht Alpinski, nicht Langläufer, sondern wieder so ein Sitz-Flitzer. Diesmal noch vor dem Start, also nichts wie hin zur erkennungsdienstlichen Behandlung. Paul Sapelza strahlt, als er auf sein Sportgerät angesprochen wird und präsentiert es stolz: Aha, ein Kinderski also, hinten abgesägt, mit drauf geschraubtem Hocker und zwei Griffen am Sitz. „Der Böckl", erklärt Paul, „ursprünglich das einheimische Wort für den Melkschemel." Und schon hockt er drauf: „Vor 60, 70 Jahren hatten viele Bauern kein Geld für Ski und haben sich stattdessen die wendigen Böckl selbst gebastelt, um damit über verschneite Waldwege ins Tal zu fahren." Genau das tut Paul, der Bergführer, heute wieder: Bei seinen Schneeschuhtouren können Wanderer so einen etwa zwei Kilo schweren Böckl auf den Rucksack schnallen und nach schweißtreibendem Aufstieg die Abfahrt genießen – „zunächst mit skeptischem Blick und zusammengekniffenen

Böckl-Fahren – Schliddern auf dem Melkschemel

Lippen, dann mit unbeschwertem Kinderlachen im Gesicht", verrät Paul.

Er stapft in den Tiefschnee davon, mit einem verschmitzten „Servus" und dem Hinweis, Olang sei übrigens so eine Art Bonsai-Kitzbühel für Böckl-Flitzer. Zum einen wegen der „Fire & Ice Skishow" an der Talstation, jeden Donnerstagabend ab 18 Uhr – hier düsen auch Böckl-Fahrer als „The Pockriders" halsbrecherisch den Hang hinab, mit farbig blinkenden Lichtern unterm Sitz oder angeflanschten Bengalos. Und dann ist da – in unregelmäßigen Abständen – noch ein reines Böckl-Rennen, quasi der Hahnenkamm für Hocker-Herminatoren. Bis zu 300 Teilnehmer – Kinder und Jugendliche, Frauen und Männer – rasen da in verschiedenen Startkategorien die Panorama-Piste runter, und anschließend steigt die große Böckl-Party – fast wie im Weltcup-Zirkus. Nur lustiger. Da ist etwa das Racing-Team Steinhäuser am Start – mit selbst gebautem, komplett aus Carbon bestehenden Hightech-Bock. Oder Böckl mit Originalteilen einer

Relaxen auf der Plateau-Terrasse

Carven mit kilometerweitem Panorama-Blick

Harley Davidson. Und das Traditions-Rennteam „Die geilen Böcke", modisch auch abseits der Piste ganz vorn, in kohlrabenschwarzen Rennoveralls. Darunter tragen sie angeblich nichts, „damit man früh morgens nach der Böckl-Party schnell angezogen ist, falls man aus einem fremden Bett flüchten muss und damit man dortselbst abends schnell ausgezogen ist ..." wie es auf ihrer Internetseite heißt. Ins Rennen stürzen sich „die geilen Böcke" auf gut gepolsterten Böckln und mit einem Schrei, den sie selbst als verunglückten Jodelversuch gepaart mit Operngesang bezeichnen.

Am besten einmal selbst auf so einem Sitz-Ski die Hänge runterzischen! Markus macht's möglich: Der Skilehrer zeigt Neigetechnik-Kurvenfahrten, bei denen ICE-Konstrukteure staunen würden, Turbo-Beschleunigung durch extreme Rücklage und die Skistiefel-Sofortbremse. Nach fünf Minuten hat jeder bei Fahrlehrer Markus den Böckl-Führerschein und rasiert mit seinen Kinderski-Kanten quietschvergnügt den „Glatzkopf", so der Spitzname von Einheimischen für den Kronplatz, diesen einmalig eiförmigen Sonnenberg unter den Skigebieten.

Info

Lage: Der Kronplatz liegt oberhalb des Ortes Reischach, der ca. 4 Kilometer südlich von Bruneck liegt.

Anfahrt: Mit dem Auto über die Brennerautobahn (A22) bis zur Abfahrt Brixen, von dort 30 Kilometer Landstraße nach Bruneck und weiter in den Ort Reischach zu Füßen des Kronplatz-Plateaus.

Öffnungszeiten: die üblichen für Skigebiete

Eintritt: Schnupperstunden auf Anfrage ca. 40 Euro, Skitouren-Woche (5 Tage) ab ca. 395 Euro, in diesem Rahmen auch Böckl-Fahren möglich

Websites:
- kronplatz.com
- alpinschule.com
- kronschool.com

9. Urlaub mit „Goethe-Siegel": Am Gardasee auf den Spuren deutscher Dichter

Wandern und Surfen, Biken und Bummeln sind die beliebtesten Fortbewegungsmöglichkeiten deutscher Urlauber am Nordufer des Gardasees. Immer beschattet von deutschen Literatur-Promis wie etwa Goethe, Kafka, Heinrich und Thomas Mann.

Ob Johann-Wolfgang wohl hier eingekehrt wäre – in der Pizzeria „Al Porto" an der Piazza Goethe? Ob der Dichterfürst sich auf einem der Holzstühle mit Korbflecht-Sitz niedergelassen hätte, mit Blick geradewegs in die offene Küche? Und hätte er Pizza Margherita oder Lasagne bestellt, damals am 12. September 1786? Ja, Goethe war hier vor gut 230 Jahren, aber die Pizzeria noch nicht. Dennoch – im Lokal verweist man besonders gegenüber deutschen Gästen gerne mal darauf, dass „Herr von Goethe" bei seinem Aufenthalt hier im Städtchen Torbole gleich nebenan gewohnt hat, in der „Casa Alberti".

In Torboles kleinem Hafen ist nur Platz für „Nuss-Schalen-Boote".

Den bis heute einmaligen Ausblick von dort auf den Gardasee hat Goethe gleich festgehalten – als eine Art Steilvorlage für jeden Reiseführer: „Man übersieht den See beinah in seiner ganzen Länge, nur am Ende links entwendet er sich unsern Augen. Das Ufer, auf beiden Seiten von Hügeln und Bergen eingefasst, glänzt von unzähligen kleinen Ortschaften."

Offensichtlich inspirierend, dieses Panorama: „Heute hab ich an der Iphigenie gearbeitet, es ist im Angesichte des Sees gut von statten gegangen“ – dieser Tagebucheintrag des dichtenden Geheimrats prangt bis heute in Stein gemeißelt über dem Torbogen des Alberti-Hauses.

Vor Goethes Domizil ...

Was heute auf dem See „gut von statten“ geht, das wissen vor allem Windsurfer. Torbole ist ihr Paradies am Gardasee. Geht der Ort zu Bett, springen sie auf's Brett, denn zur besten Siesta-Zeit, täglich so gegen 13 Uhr, frischt zuverlässig der „Ora“-Wind auf und sorgt für perfekte Wellen. Zuschauer gibt's immer – Spaziergänger, Jogger und „Sehleute“ auf der Uferpromenade, die sich durch den Ort schlängelt, vorbei am Hafenbecken, das kaum größer ist als ein Swimmingpool, entlang an farbenfrohen Häuserfassaden und an Palmen. Hinter einer hockt Goethe versteinert auf einem Sockel und schaut scheinbar diesen aktuellen Facetten seiner „Italienischen Reise“ zu.

... sausen heute Surfer im Ora-Wind übers Wasser.

In Riva del Garda, drei Kilometer weiter westlich, kann der geneigte Besucher schon beim Durchfahren auf die Idee kommen, zwischen Torbole und Riva sei ein schönes Nachbarschafts-Scharmützel darüber im Gange, wer die höhere Promi-Dichter-Dichte hat: Via Rilke, Via Heinrich e Thomas Mann, Via Kafka. Und eine Via des Nicht-Dichters Nietzsche gibt's noch oben drauf. Macht ja wohl zusammen mindestens so viel her, wie Nachbar Torbole mit seinem Superstar Goethe aufbietet. Zumal Heinrich Mann im Essay „Die kleine Stadt" und Kafka in seiner Erzählung „Der Jäger Gracchus" das Örtchen Riva sogar verewigt haben, in das sie zu Beginn des 20. Jahrhunderts vor allem wegen der guten Luft gekommen waren. Ach ja, und Christian Morgenstern und Karl May waren übrigens auch noch da.

„Aber bei uns können Besucher auf den Spuren Goethes wandeln und alles über seine Italienische Reise erfahren", kontern die Leute aus Torbole. Denn dort schlüpft Franco Farina im Sommer in eine Dichterrobe und gibt den Johann-Wolfgang. Der Mann ist Dramaturg und Schauspieler, weiß, wie er sein Publikum in den Bann ziehen kann.

Deutschlands Künstler-Elite zog es oft genug hinaus aus Riva und Torbole, rein ins breite Tal des Flusses Sarca nördlich des Gardasees. Von dort musste es dann hoch hinaus gehen. Für Franz Kafka und Rainer Maria

Nach Riva del Garda fuhren die Manns, die Nietzsches und Kafka.

Rivas Uferpromenade – ideal zum Schlendern und Schlemmen

Rilke etwa auf die Festung von Arco. Kafka kam seine Mutter besuchen, Rilke zum Dichten. Heute ist es für Radler von Riva aus eine schöne Tour durch eine Patchworklandschaft aus Wiesen, Wäldern, Weinreben und Apfelplantagen, zumeist mit mediterranem Rückenwind. Doch nur wenige Radler starten durch zum Aufstieg in Richtung Castello, das wie ein Adlerhorst knapp hundert Meter über dem Ort am Berg zu kleben scheint. 20 Minuten soll dieser Fußmarsch laut Infoschild dauern, eine Zeit realistisch allenfalls für Himmelsstürmer, die ins Guinnessbuch der Rekorde wollen. Alle anderen genießen die mit jedem Meter besser werdende Aussicht durch die Olivenhaine ins Sarcatal und auf den Gardasee. Außerdem baumeln an den Bäumen am Wegesrand ja noch reichlich Corbezzoli – rote, erdbeerartige und äußerst leckere Früchte, die dringend gepflückt und verspeist werden müssen.

Oben angekommen in den wohl 1000 Jahre alten Festungsresten wird klar: Schon lange vor deutschen Dichtern war ein deutscher Maler hier, der Arcos Castello detailgenau gemalt hat – Albrecht Dürers Bild aus dem Jahre 1495 hängt als Original im Pariser Louvre und lehnt in verwitterter Kopie an einer Mauer. Hoch hinaus wollte auch Thomas Mann, als er 1901 seinen Bruder Heinrich in Riva besuchte. Aber nicht auf einen Berg, sondern in einen solchen hinein – den von Varone. Hinterher schrieb er in sein Notizbuch: „Ganz hinten in der engen, tiefen Schlucht aus nackten Felsen, glitschig wie große, dicke Fischbäuche, stürzte die Wassermasse mit ohrenbetäubendem Lärm hinunter.“ Was Mann so beeindruckt hatte, ist heute noch genau so zu besichtigen: eine Mischung aus gruseliger Fantasy-Grotte mit Kanalisations-Gemüffel und Dauer-Wolkenbruch. Pflichtausrüstung: feste Schuhe und Regenjacke.

Dürers Gemälde von Arcos Castello – als verwitterte Kopie an einer Mauer

Arcos Castello heute

Info

Lage: Torbole und Riva del Garda liegen wenige Kilometer voneinander entfernt am Nordufer des Gardasees.

Anfahrt:

- Mit dem Auto über die Brennerautobahn (A22), Abfahrt Rovereto Sud, dann Landstraße 240 Richtung Torbole und Riva del Garda.
- Flugzeug: Einige preiswerte Airlines bieten Flüge zu Flughäfen in der Nähe des Gardasees, z. B. Bozen, Verona oder Treviso südlich von Trient.

Öffnungszeiten: keine

Eintritt: keine

Websites:

- gardatrentino.it/de/Auf-den-Spuren-Goethes-zwischen-Erde-und-Wasser-Torbole-sul-Garda
- pizzeriaalportotorbole.it

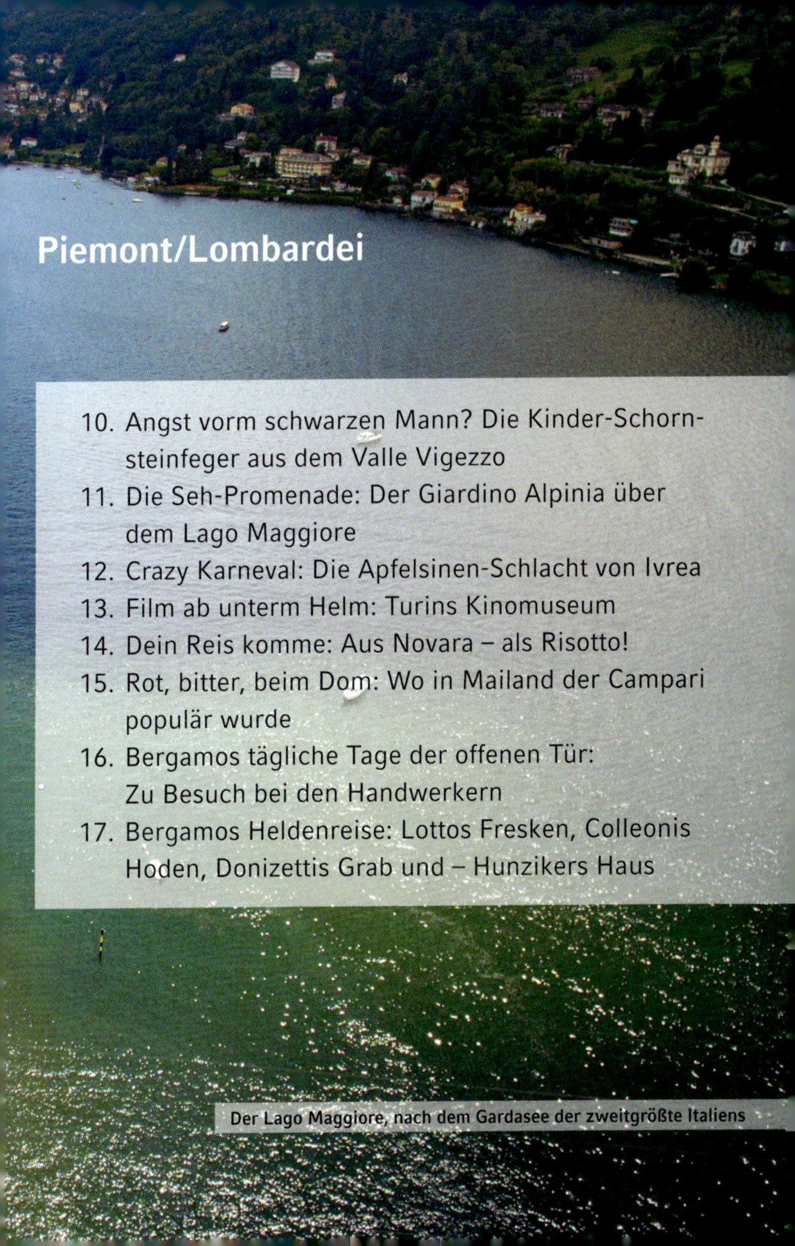

Piemont/Lombardei

10. Angst vorm schwarzen Mann? Die Kinder-Schornsteinfeger aus dem Valle Vigezzo
11. Die Seh-Promenade: Der Giardino Alpinia über dem Lago Maggiore
12. Crazy Karneval: Die Apfelsinen-Schlacht von Ivrea
13. Film ab unterm Helm: Turins Kinomuseum
14. Dein Reis komme: Aus Novara – als Risotto!
15. Rot, bitter, beim Dom: Wo in Mailand der Campari populär wurde
16. Bergamos tägliche Tage der offenen Tür: Zu Besuch bei den Handwerkern
17. Bergamos Heldenreise: Lottos Fresken, Colleonis Hoden, Donizettis Grab und – Hunzikers Haus

Der Lago Maggiore, nach dem Gardasee der zweitgrößte Italiens

SCHWEIZ
10. Valle Vigezzo
11. Giardino Alpina
16. + 17. Bergamo
Monza
12. Ivrea
A4
15. Mailand
14. Novara
A26
Cremona
13. Turin
A7
A21
A1
Asti
ITALIEN
Parma
Genua
A12
Ligurisches Meer
Mittelmeer

10. Angst vorm schwarzen Mann? Die Kinder-Schornsteinfeger aus dem Valle Vigezzo

Sie mussten dunkle, enge Kamine hochkriechen und den Ruß rauskratzen: kleine Jungen, von bettelarmen Eltern über Monate an Wander-Schornsteinfeger in Norditalien „vermietet". Erst Anfang der 1930er-Jahre wurde diese lebensgefährliche Kinderarbeit verboten. Ein Museum und das jährliche internationale Schornsteinfeger-Treffen Anfang September erinnern daran.

„Spazzacamino, Spazzacamino!"

„Spazzacamino! Spazzacamino!!" So gellte es in den Gassen Mailands, Turins und anderer Städte der Po-Ebene die Fassaden hoch, gerufen von Jungen-Horden mit kohlschwarzen Kindergesichtern, gekleidet in verlotterten, dreckigen Baumwollklamotten und Holzschuhen. Hier und da öffnete sich ein Fenster. Bewohner riefen „Si, si" zurück und winkten ihn hinein, den Spazzacamino. Dieser Schornsteinfeger brachte einen der Jungen mit – Faustino etwa. Und befahl dem Siebenjährigen, in den Kamin zu krabbeln, während er selbst ein Palaver mit dem Hausherren begann. Faustino presste sich derweil mit Rücken und Knien gegen die Wände des Schornsteins, robbte darin Zentimeter für Zentimeter hoch – barfuß, um sich an den Mauern halten zu können. Eng und dunkel war es, seine Haut riss auf an den schroffen Steinen. Faustino zog sich die Caparrüza, eine sackartige Leinenmütze, übers gesamte Gesicht, damit seine großen, dunklen Augen nicht verdreckten und er möglichst wenig Ruß einatmete. Denn diesen kratzte der Junge mit der „Raspel", einem Metallschaber, und der „Krücke", einer Drahtbürste, rund um sich herum von den Kaminwänden. Oben angekommen schaute Faustino aus dem Schornstein zum Dach raus und rief seinem Herren laut zu: „Spazzacamino!" Dann fegte er beim Abstieg im Kamin die Innenwände ab. Zusammengekehrt in einem Sack verkaufte der Schornsteinfeger den Ruß als Dünger.

Faustino Cappini starb mit 14 als Kinderschornsteinfeger ...

... und wird heute beim Schornsteinfegertreffen verehrt.

Kinderschornsteinfeger kamen aus entlegenen norditalienischen Tälern wie dem Valle Vigezzo, nahe der schweizerischen Grenze, eine gute Autostunde nördlich von Mailand. Heute ist es still und malerisch, ein beliebtes Ziel von Radtouristen und Wanderern. Im 19. Jahrhundert hingegen die abgelegene, unwirtliche Heimat von Bauernfamilien wie den Cappinis – Faustinos Eltern – die ihren täglichen Hunger kaum stillen konnten mit Brennnessel-Milchreis, Kastanien und selten mal Polenta. Fleisch gab es nur einmal pro Jahr – am Schlachttag. In den strengen Gebirgswintern war nicht genug Essen da für die oft mehr als zehn Kinder einer Familie. Darum gaben viele Eltern ihre Jungen einem Wander-Schornsteinfeger mit auf seine monatelange Walz durch Norditalien – oft mit Kloß im Hals und der herausgepressten elterlichen Aufmunterung „Mein Junge, hab keine Angst vorm schwarzen Mann!"

Für diese „Kinder-Versklavung" bekam die Familie ein paar Lira und hoffte, der Junge werde über die Wintermonate satt werden. Doch nicht selten gab es beim Padrone (Herr), wie die Jungen den Spazzacamino nennen mussten, viel Prügel und wenig dünne Suppe – damit die Jungen schmächtig blieben, weiter in die Kamine passten und aus Angst vorm Schornsteinfeger hineinkrabbelten. Mancher ist darin gestorben. So wie der Junge, der 1931 eine Stromleitung berührte, als er seinen Arm aus dem Schornstein reckte und gerade „Spazzacamino!" rufen wollte.

Faustino Cappinis Denkmal …

Es war Faustino Cappini. Zeitungen schrieben über den tragischen Tod des 14-Jährigen und die brutale Kinderarbeit. Sie wurde daraufhin verboten. Cappini steht heute mit typisch breitkrempigem Hut und Schornsteinfeger-Werkzeug über der Schulter auf einer Kreuzung im Valle-Vigezzo-Ort Malesco – als Bronzedenkmal. Und bekommt jedes Jahr am ersten Septemberwochenende Besuch von etwa 1500 Kollegen aus aller Welt.

Kaminkehrer aus inzwischen mehr als 25 Ländern, darunter vielen europäischen, den USA, Uruguay oder Japan ziehen seit 1983 beim größten Schornsteinfeger-Treffen der Welt an ihm vorbei, wenn sie – wie beim olympischen Einmarsch der Nationen – mit Fahnen, ihren Nationen-Schildern und reichlich Tschingderassabumm durchs Valle Vigezzo defilieren. Die Frauen und Männer in Schwarz gedenken der Kinderschornsteinfeger, feiern

… ist Ausgangspunkt für das Schornsteinfegertreffen.

aber vor allem einen mehrtägigen Kollegen-Karneval, werfen Kamelle und schwärzen so manchem überraschten Zuschauer hinter den Absperrungen kurz mal das Gesicht mit Ruß. Dabei rufen sie immer wieder: „Spazzacamino!" Anita Hofer organisiert das Treffen und ist stolz darauf, dass es immer noch klappt ohne Sponsoring von Heizungsherstellern, die ihre Logos sehr gerne vor Tausenden Schaulustigen und den anwesenden TV-Kameras platzieren möchten.

Die 79-jährige ausgewanderte Deutsche kümmert sich in Santa Maria Maggiore, dem Hauptort des Valle Vigezzo, auch um das Museo dello Spazzacamino. Im ersten Stock bekommen Besucher eine Ahnung vom Leben der Kinderschornsteinfeger. Unter Kopfhörern sind ihr Kratzen im Kamin, ihre Rufe, ihre Lieder und ihre Erzählungen zu hören. Von Übernachtungen in kalten Scheunen, nur unter löchrigen Säcken, mit etwas Laub gefüllt. Von Ausweglosigkeit, denn wie hätten die Kinder fliehen sollen, in Städten, die sie überhaupt nicht kannten. Beherzte Frauen und Kirchenmänner waren die einzigen, die ihre Not vereinzelt linderten – mit Duschen und mal einem sättigenden, warmen Essen. Erstaunlich, welche Karrieren manche dieser Kinder später machten: Trotz schlimmer Erfahrungen wurden viele später tatsächlich Schornsteinfeger. Und manche

Die Teilnehmer kommen aus mehr als 25 Ländern.

damit sogar wohlhabend. „Die bauten sich hier in den Dörfern des Tales große Häuser – mit besonders aufragenden Schornsteinen", erzählt Anita Hofer: „Je höher, desto mehr Geld haben sie!" Und setzen damit eine jahrhundertealte Tradition fort, denn das Valle Vigezzo firmiert schon auf einer mittelalterlichen Karte als „Camifeger-Tal".

Mittelalterliche Karte mit dem Valle Vigezzo als Caminfeger-Tal

Info

Lage: Das Valle Vigezzo liegt im nördlichen Piemont, nah an der schweizerischen Grenze.

Anfahrt: Vom Flughafen Mailand-Malpensa über die Straßen SS 33 und die SS 333.

Öffnungszeiten: Das Schornsteinfegermuseum hat täglich außer montags von 10 bis 12 Uhr und 15 bis 18 Uhr geöffnet.

Eintritt: 5 Euro

Websites:
- vallevigezzo.eu
- distrettolaghi.it/de/luoghi/das-museum-vom-schornsteinfeger

11. Die Seh-Promenade: Der Giardino Alpinia über dem Lago Maggiore

Das beste Panorama von Italiens größtem See bietet ein versteckter Garten – mit akkurat angelegten Blumenbeeten und viel Ruhe abseits der Busreisen-Touristenströme.

Erst werden die vielen Menschen immer kleiner, dann die Straßen und schließlich die backsteinroten Hausdächer von Stresa. Der Hauptort am Lago Maggiore mit hochherrschaftlichen Grand Hotels im Zuckerbäckerstil der Belle Époque, der Seepromenade und den drei vorgelagerten Inseln muss – wie so oft während der Saison – eine Invasion der Reisebusse und ihrer Trekking-Sandalen-Insassen verkraften. Willkommener Fluchtweg: der Sprung in die Funivia – eine Gondelbahn, die etwa 40 Passagiere gleichzeitig aus Stresa entschweben lässt. Fotografen sichern sich beim Einsteigen gleich die zwei, drei Stehplätze am einzigen halboffenen Fenster, durch das während der Auffahrt schöne Bilder vom Lago Maggiore gelingen. Sicher ist sicher, denn wer weiß schon, ob die Aussicht oben am Ziel wirklich genau so schön ist wie aus der Gondel?

Fernsehen mit Untertiteln: Blick auf den Lago Maggiore mit Erklärtafel

An der Mittelstation auf 800 Metern steigen nur ein paar Passagiere aus, die meisten wollen zum Gipfel in ein hochgebirgiges Abenteuerland mit Sommerrodelbahn. Der „Giardino Alpinia" hingegen ist das genaue Gegenteil. Schon während des nun folgenden etwa zehnminütigen Fußmarsches von der Mittelstation zum Monte Mattarone ist unverkennbar: Hier geht's geradewegs in eine Ruhe-Oase. Der Giardino – zu deutsch: Garten – sieht auf den ersten Blick aus wie ein akkurat geharktes Privatgrundstück mit kleinem Haus drauf. Wäre da nicht die Registrierkasse auf einem Tapeziertisch unter einem Zeltdach.

Erst die Auffahrt mit der Seilbahn ...

Wie in einem botanischen Garten geht es auf Kieswegen und Holzbohlenpfaden zwischen Beeten hindurch, in denen Pflanzen wachsen, die dem Besucher allesamt mit klangvollen lateinischen Namen vorgestellt werden: „Alyssoides utriculata" etwa. Klingt ja für dieses gelb blühende Gewächs auch viel interessanter als der deutsche Name: „Blasenschötchen". Gleich daneben: „Coreopsis grandiflora" – hier macht auch der deutsche Name „Großblumiges Mädchenauge" durchaus was her. Und beim „Ginesta germanica" kommt man nach kurzem Kombinieren drauf, dass es sich um Ginster handeln könnte. Doch schon ein paar Meter weiter sind Blüten und Rabatten nur noch Beiwerk einer alle Sinne ergreifenden Natur-Inszenierung.

... dann der Aufstieg im Giardino

Jede Pflanze im Giardino …

Ginster, Wildrosen, Farne, Tannen und Akelei rahmen ein einzigartiges 180-Grad-Panorama des Lago Maggiore. Wie passend, dass davor Bänke stehen und sogar frei sind. Kaum hat man sich darauf niedergelassen und dem Sattsehen an Bergketten hinter dem See sowie auf dem Wasser verkehrender Winz-Boote hingegeben, da funken beide Ohren dazwischen und müssen unbedingt ihre aufgefangenen, akustischen Eindrücke ans Gehirn kabeln: Ein Kuckuck ruft von rechts, von Stresa hinauf bimmelt eine Kirchenglocke. Man hört die leise surrende Seilbahn und den direkt neben der Bank plätschernden, offenbar undichten Wasserhahn. Besucher, die von hinten den Weg hinaufkommen,

… ist akkurat ausgeschildert.

Sie wollte zur Seilbahn, musste am Ende aber doch auf die Wiese.

setzen ihre Schritte bedächtig und leise, palavern allenfalls im Flüsterton, weil sie schon von Weitem sehen, hier ist ein ganz besonderes Naturschauspiel im Gange.

Die Gründer dieses 40.000 Quadratmeter großen Gartens mit mehr als 700 Pflanzenarten haben ab 1934 ausschließlich Gebirgsgewächse gepflanzt. Und das Ganze zunächst „Duxia“ genannt – wohl als Verehrung des Duce, Italiens Faschistenführer Benito Mussolini. Kurz vorm Rückweg zur Seilbahn ist wieder Gebimmel zu hören. Aber nicht das der Kirche in Stresa, sondern einer Kuhglocke, das sich nähert. Ein einzelnes Rind trottet am Giardino vorbei in Richtung Mittelstation. Schaut sich immer mal prüfend um nach den Passanten, die denselben Weg haben und respektvoll Abstand halten. Schließlich kommt ein Pick-up-Geländewagen von hinten, nähert sich dem Tier und treibt es durch Rufe und sanfte Stockschläge zu etwas mehr Eile an, bis es das Gatter seiner Weide in der Nähe der Mittelstation erreicht.

Info

Lage: Der Giardino Alpinia liegt oberhalb von Stresa, auf dem 800 Meter hohen Monte Mattarone.

Anfahrt: Mailand ist von vielen deutschen Flughäfen mit Direktflügen gut erreichbar. Von dort aus ist es eine knappe Autostunde nach Stresa (über die E62). Die Gondelbahn fährt in einer knappen Viertelstunde zur Mittelstation.

Öffnungszeiten: Gondelbahn und Giardino 9:30 bis 18 Uhr

Eintritt: Gondelbahn 13,50 Euro, Giardino 4 Euro

Websites:
- stresa-mottarone.it
- giardinobotanicoalpinia.altervista.org

12. Crazy Karneval: Die Apfelsinen-Schlacht von Ivrea

Kamelle in Kölle, knappe Kostüme an der Copacabana: Bilder vom närrischen Treiben, die jedes Jahr wieder um die Welt gehen. Aber ein Umzug mit dreitägigem Orangen-Bombardement wie eine XXL-Schneeballschlacht – das gibt es nur in der piemontesischen Stadt Ivrea.

Rote Mützen signalisieren: Bitte nicht bewerfen! Ob´s hilft?

Zuerst sieht alles noch harmlos aus: Erwartungsfrohe Menschen säumen die Straßen von Ivrea, einer 25.000-Einwohner-Kleinstadt, eine gute Autostunde nördlich von Turin. Ein Zug aus verkleidetem Fußvolk und etwa 50 geschmückten Wagen mit je etwa zehn Trachtenträgern oben drauf bewegt sich am Faschings-Sonntag langsam durch das historische Zentrum. Doch warum vermummen sich die Trachtenträger auf den Wagen unter riesigen Helmen mit großem Sichtfenster, wie sie sonst Schweißer tragen? Und wieso stehen auf Ivreas vier Hauptplätzen meterhohe Kistenreihen, randvoll mit Orangen? Ach ja, und weshalb haben viele der Zuschauer rote Mützen auf, andere aber nicht?

Vor Orangen-Bombardement schützen nur diese Helme wirklich.

All diese Fragen sind wenig später beantwortet, und zwar binnen Sekunden: Kaum erreicht der Karnevalszug die Piazza di Città, wird die Luft vitaminhaltig. Orangen fliegen kreuz und quer durch die Luft, nach oben auf die Wagen geschleudert vom gesamten Fußvolk. Die behelmten Trachtenträger bewerfen ihrerseits die Menge von oben, greifen beidhändig in randvolle, eigens in die Wagen eingebaute Fächer mit Apfelsinen und schleudern diese pausenlos nach unten. Oben wie unten zerplatzen die Südfrüchte an Köpfen und Schultern, auf Rücken und Beinen. Der saure Saft kriecht und rinnt durch Halsausschnitte und im Hosenbund auf die Haut, verklebt im Nu die gesamte Kleidung mit dem Körper. Davon verschont werden sollen eigentlich alle Zuschauer mit roten Mützen, dem Zeichen für „Bitte nicht bewerfen". Aber es ist ein wenig wie früher auf dem Schulhof, wo diejenigen Kinder am meisten abbekamen, die in der Schneeballschlacht vor Angst erstarrten und sich die Hände vors Gesicht hielten. Ebenso wie damals bietet auch heute in Ivreas stadtweiter XXL-Schneeballschlacht mit Orangen nur ein Sicherheitsabstand wirklichen Schutz. Dann aber ist Zuschauen ein fast ebenso großer Spaß wie das Mitmachen im Getümmel dieser sogenannten „Battaglia delle Arance".

Wer sie am Faschingssonntag verpasst haben sollte, geht einfach montags hin. Oder Dienstag. Drei Tage lang bewerfen sich die „Aranceri" mit Apfelsinen auf den vier großen Plätzen der Stadt. Etwa 500 Tonnen transportieren Lkw dafür jedes Jahr eigens aus Sizilien nach Ivrea. In der ersten Schlachtpause zwischen Sonntag und Montag gibt es Kabeljau mit Zwiebeln, in der zweiten zwischen Montag und Dienstag werden Pfähle verbrannt, die mit Wacholder und Heidekraut geschmückt sind. Soll angeblich Glück bringen. Vielleicht auch den etwa 200 Teilnehmern, die sich alljährlich leicht bis schwer verletzen, wenn ihnen Orangen-Geschosse blaue Augen oder gebrochene Nasen bescheren oder „Bodentruppen" im knöchelhohen, äußerst glitschigen Apfelsinenmatsch ausrutschen und lang hinschlagen. Alles Kollateralschäden des Freiheitskampfes, der hier – sehr frei interpretiert – nachgespielt wird.

Die Orangenschlacht geht zurück auf das beherzte nächtliche Zupacken der Müllerstochter Vezzosa Mugnaia. Soeben frisch verheiratet mit ihrem Liebsten, sollte die junge Frau gemäß Tradition nicht ihrem Bräutigam, sondern dem in Ivrea herrschenden Tyrannen die erste Nacht schenken. Tat sie auch, aber nur solange, bis sie ihm mit einem im Bett verborgenen Dolch den Kopf abschnitt. Irgendwann im 12., vielleicht auch 13. Jahrhundert soll das gewesen sein – so genau weiß man es nicht in Ivrea, ist ja auch keiner mehr am Leben, der dabei gewesen sein könnte. Jedenfalls – so die Erzählung – hat Müllerstocher Vezzosa das abgeschnittene Despoten-Haupt umgehend den geknechteten Menschen in der Stadt präsentiert. Was diese als Fanal für einen Befreiungskampf verstanden und den Aufstand probten.

Bei der heutigen in drei Orangenschlachten gipfelnden Karnevals-Inszenierung spielt irgendwie auch noch die napoleonische Besatzungszeit eine Rolle, weshalb Trachten, Helme und Flaggen denen der damaligen Zeit nachempfunden sind. Vielleicht, weil diese Jahre noch gut in Erinnerung waren, als 1858 erstmals aus den jungen Frauen von Ivrea eine Müllerstochter gekürt und auf dem Rathausbalkon präsentiert wurde. So geschieht es bis heute, immer am Karnevalssamstag. Zwei Tage zuvor übernimmt jährlich ein General in napoleonischer Uniform symbolisch

Wer beworfen wird, feuert mit Orangen zurück.

Am Ende versinkt ganz Ivrea in Apfelsinen-Pampe.

die Macht über Ivrea. Einige der mit – ebenfalls uniformierten – Männern fahrenden „Carri da Getto" (Wurfwagen), symbolisieren die Truppen des Generals. Sie werden vom „aufgebrachten" Volk angegriffen, deren Aranceri-Wurfgruppen sich martialische Namen geben wie „Todesschwadrone", „Schwarze Panther" oder „Teufel". Soweit kommt es also, wenn enthemmte Männer zu viele Orangen in die Hand bekommen. Ursprünglich, im 19. Jahrhundert, sollen es Frauen gewesen sein, die zuerst vereinzelt nur ein paar Orangen von Balkonen warfen – als Liebesgeste an die Männer auf den Faschingswagen.

Info

Lage: Ivrea liegt eine gute Autostunde nördlich von Turin.

Anfahrt: Mit dem Wagen vom Flughafen Turin über die SP2 und die E612 nach Ivrea.

Öffnungszeiten: keine, die Battaglia delle Arance ist Teil der Karnevalstage von Ivrea.

Eintritt: keiner

Website: storicocarnevaleivrea.it

13. Film ab unterm Helm: Turins Kinomuseum

Turin? Fiat und Fußball! Ja, aber auch Film, denn die Hauptstadt des Piemont war mal kurz so eine Art italienisches Klein-Hollywood. Daran und an die Anfänge des Kinos überhaupt erinnert ein außergewöhnliches Museum an einem außergewöhnlichen Ort.

So nah können ausgetretene und noch nicht entdeckte Pfade nebeneinander liegen: rechts der Eingang mit der langen Schlange. Alle hier wollen mit dem gläsernen Fahrstuhl auf die 85 Meter hohe Kuppel und den tollen 360-Grad-Blick über Turin genießen. Beim Eingang links: keine Schlange. Dort geht's ins Museo Nazionale del Cinema. Museum und Fahrstuhl sind beide Teil von Turins Wahrzeichen, der „Mole Antonelliana". Das alles überragende Gebäude mit der helmartigen Kuppel und der 167,5 Meter aufragenden antennenartigen Spitze ziert Italiens 2-Euro-Cent-Münze und war Vorbild für das Logo der Olympischen Winterspiele 2006.

Kino-Geschichte unter einer 85 Meter hohen Kuppel

Ursprünglich als Synagoge geplant, werkelte Architekt Alessandro Antonelli so lange und detailverliebt an dem Bau, dass erst die jüdische Gemeinde kein Geld mehr hatte, um die Kostenexplosion zu zahlen, und dann der Architekt 1888 starb, sodass sein Sohn die „Mole" bis zur Eröffnung 1889 vollenden musste. Die Stadt hatte das Gebäude übernommen und zunächst ein Museum zur Entstehung des heutigen Italiens darin untergebracht. Nun also eines zur Geschichte des Kinos.

Die Mole Antonelliana ziert Italiens Zwei-Euro-Münze

Einmal eingetreten droht Nackenstarre. Denn fast jeder Kopf biegt sich so weit nach hinten wie eben möglich, um den gewaltigen Raum unter der etwa 80 Meter hohen Kuppel zu erfassen. Vielleicht haben die Museumsmacher deshalb gar nicht erst Kinosessel in den turnhallengroßen Saal gebaut, sondern knallrote Liegen. Von ihnen aus schauen die Besucher auf die Filmausschnitte, die über Leinwände flimmern, so groß wie Anzeigetafeln im Stadion. Eine schwarz gehaltene Wendeltreppe windet sich empor, wird dann zu einem nach oben unters Dach strebenden Rundgang, dessen Seitenbrüstung an einen Filmstreifen erinnert. Wer ihn hochschlendert, wandelt durch die jeweilige Wechselausstellung des Museums, mit Exponaten, Filmausschnitten und Infos etwa zur Verfilmung von Comics im Wandel der Jahrzehnte.

Vom Rundgang seitwärts geht's in verschiedene Räume der Dauerausstellung. Vielleicht ein bisschen zu didaktisch, aber durchaus interessant die Vorläufer und ersten Anfänge des Kinos. Schattentheater aus Nürnberg und Indien, erste Peepshows, bei denen Neugierige durch eine Art Mikroskop auf Bilder von vereisten Niagarafällen, New Yorks Brooklyn Bridge und die Mole Antonelliana noch im Rohbau schauten. Ein gewisser August Fuhrmann aus Berlin lud um 1880 zur „billigsten Tour um die Welt" und ließ in vielen Städten insgesamt 250 Guckkästen aufstellen, die

Projektoren und ...

... Regiestühle im Museum ...

– das Lux-Kino in der Nähe

er „Kaiser-Panoramen" nannte. Wenig später, ab 1890, folgten dann erste Bewegtbilder, die anmuten wie Daumenkino. Es waren aneinandergereihte und schnell abgespielte Fotos. Die Bildfolgen zeigen einen Mann, der (noch tonlos) „Bonjour Madame" sagt, einen anderen, der mit einem Känguru boxt, sowie ein Großstadt-Verkehrsgewusel mit Kutschen, Pferden und Passanten.

Wer mag, kann in weiteren Räumen die einzelnen Produktionsschritte eines heutigen Kinofilms nachvollziehen, ebenso wie Tricks und Kniffe von Regisseuren. Oder einfach in den Genre-Räumen etwa in die große Zeit der Western eintauchen: ein Saloon, offenbar gerade nach einer Massenschlägerei verlassen – zerbrochene Stühle auf dem Boden, zerschossene Gläser auf der Theke. Und dahinter, auf einer in die Bar eingelassenen Leinwand, laufen Sequenzen ewiger Klassiker als Dauerschleife: „12 Uhr mittags", und natürlich Italo-Western wie „Für eine Handvoll Dollar" oder „Spiel mir das Lied vom Tod" des römischen Regisseurs Sergio Leone, berühmt geworden durch die Musik von Ennio Morricone.

Und die Turiner Kinovergangenheit? Sie wird vor allem unten in der Halle repräsentiert durch den Film „Cabiria", der sich rund um das gleichnamige Patriziermädchen im 3. Jahrhundert vor Christus dreht. 1913 gedreht, war er der erste Monumentalschinken der Kinogeschichte, mit enormem Aufwand wie riesigen dreidimensionalen Bauten, wo zuvor allenfalls gemalte Kulissen im Stummfilm vorkamen. Regisseur Giovanni Pastrone drehte für sein Drei-Stunden-Epos nicht nur in Turin, sondern auch in Algier und Tunesien. Hingucker im Museum ist eine gut erhaltene haushohe Tempelfigur dieses Films, die heute den Eingang in einen Raum mit vielen Set-Fotos „bewacht".

Tempelfigur aus Cabiria, einem italienischen Monumentalfilm von 1913

Info

Lage: Die Mole Antonelliana liegt mitten in Turin, an der Via Montebello 20 unweit der zentralen Piazza Castello.

Anfahrt: Turin ist von vielen deutschen Flughäfen mit Direktflügen gut erreichbar. Shuttles führen vom Flughafen in die City.

Öffnungszeiten: Montag bis Sonntag 8 bis 21 Uhr, dienstags geschlossen

Eintritt: 11 Euro, Kombi-Ticket mit Panorama-Lift 15 Euro

Website: museocinema.it

14. Dein Reis komme: Aus Novara – als Risotto!

Von Mailand nach China dauert es nur eine Stunde. So scheint es beim Blick aus dem Zugfenster: Reisfelder, knöcheltief unter Wasser stehend, so weit das Auge reicht in Europas größtem Anbaugebiet rund um Novara. Hier sprießt der Grundstoff für das aus dieser Region stammende Risotto, und Züchter wie Luca Rizzotti zeigen gerne, was sie dafür mit ihrem Reis so anstellen.

„Germany's next Topmodel" ist ein Ponyhof und „Deutschland sucht den Superstar" ein Kindergeburtstag gegen die Prüfung, die Reis bestehen muss, um Risotto zu werden: 48 Kameras gleichzeitig mustern jedes Korn aus allen erdenklichen Perspektiven. Diese Hightech-Augen können 16.000 verschiedene Farbnuancen unterscheiden und stieren vor allem auf dunkle Punkte, Schatten oder Spratzer am Reiskorn. Was sie sehen, geben die Kameras an 24 Düsen weiter. Sie reagieren sofort und blasen zu

Reis, fast soweit das Auge reicht

dunkle Reiskörner ins Aus und nur die durch und durch weißen in Richtung Sammelbehälter für die Abfüllung in Verkaufstüten. Möglich macht das alles die „Satake FMS 2000“, eine weiße US-Präzisionsmaschine, die mit Display und Bildschirm an ein medizinisches Gerät erinnert. Auch beim Preis: „Kostet 60.000 Euro“, sagt Luca Rizzotti, Juniorchef der Reisfarm „Riso Rizzotti“, „und jagt in einer Stunde eine Tonne Reis durch den Weißheits-TÜV.“ Der ist entscheidend für Bauern wie ihn, denn per Gesetz darf in Italien nur Reis mit einem Schwarz-Anteil von maximal zwei Prozent verkauft werden.

Die Satake FMS 2000 ist Teil eines eigentümlichen Maschinenparks in der Produktionshalle von Riso Rizzotti, die ein wenig nach modernisierter Scheune aussieht – oder doch nach Autowerkstatt ohne Autos? Der Juniorchef, ein optimistisch und tatkräftig wirkender Mitdreißiger, führt Besucher gerne hindurch und präsentiert den Produktionsprozess so engagiert wie der Modelleisenbahner sein Hobby. Wo und wie der Reis angebaut wird, das will er nicht unterm Hallendach erklären, sondern bittet an den

Feldsaum, trotz strömenden Regens. Etwa zwei Fußballplätze misst der Acker direkt vor der Farm und ist – wie üblich in dieser Gegend – rundherum eingedeicht mit einem kniehohen Erdwall. Nur ein Fleckchen der insgesamt 72 Hektar Reis-Anbaufläche von Luca und seiner Familie. „Muss alles im März gepflügt werden bis es eben ist“, erklärt der Jung-Bauer, „nirgendwo darf später zu wenig, nirgendwo zu viel Wasser stehen.“ Das Bewässerungssystem der Felder, gespeist vom Lago Maggiore in netzartig durchs Land gezogenen Kanälen, hat Leonardo da Vinci entwickelt – schon im 15. Jahrhundert. Seitdem importieren die Italiener kaum noch Reis aus China, sondern produzieren selbst – heutzutage etwa 130 Sorten. Allein in der piemontesischen Provinz Novara, der Heimat des Risotto, gibt es fast 700 Farmen und Verarbeitungsbetriebe.

Land unter, damit der Reis gut gedeiht

Reis-Ernte heute mit modernen Maschinen, vor 100 Jahren eine Tortur

Auf Schwarz-Weiß-Fotos in Novaras Hotels, auf Gemälden in Galerien und in Skulpturen ist der Reisanbau vielerorts präsent – zumeist mit den bis in die 1950er-Jahre im Mai über die Felder schreitenden Kompanien von Frauen, die unter breiten Sonnenschutz-Hüten gebückt Reissamen von Hand in die Erde setzten. Heute werden die Setzlinge hineingeschossen, nachdem sie 24 Stunden lang gequollen sind – damit sie im Boden bleiben und nicht aufschwemmen. Im August dann heißt es Wasser marsch – und zwar raus aus den Feldern. Die anschließend geschnittenen Reispflanzen trocknen 12 bis 14 Stunden, bevor es jedem Korn quasi an die Wäsche geht. Erst wird es seine Blätter los. Dann die dunkle Schale. „Und zwar hier" – Luca Rizzotti winkt seine Besucher zu einem schrägen, hölzernen Schrank, optisch eine Kreuzung aus XXL-Stehpult und Setzkasten mit Fenstern drin. „Eine Padi-Maschine von 1901", erklärt Luca sichtlich stolz. „Die haben wir aus dem Museum geholt und wieder flott gemacht. Sie schüttelt und rüttelt den Reis, sodass leichte Teile wie die Schale oben und schwere wie die Körner unten landen."

Spätestens jetzt denkt man an die letzte Tüte Reis, achtlos mit einem Handgriff in den Kochtopf gekippt, nicht ahnend, was diese Körner für einen langen Veredelungsweg hinter sich haben. Der übrigens nach dem

Rüttelkasten von 1901keineswegs endet, sondern zur Zeitreise wird – ins nächste Museumsstück, die sogenannte „Hamburger Maschine", Baujahr 1927 und in Hamburg konstruiert. Sie schleift und schmirgelt die Reiskörner in tatsächlich drei Arbeitsgängen, sortiert nebenbei noch alles aus, was Bruch und stummelig ist – in die Puffreis- und Cerealienkiste. „Ja, von 100 Kilo Reis in der ersten Maschine kommt aus der letzten gerade mal 50 Kilo in Topqualität raus", erklärt Luca Rizzotti und dann leuchten seine Augen wieder: „Aber aus diesen 50 Kilo machen wir sieben verschiedene Sorten!" Und präsentiert sein Sortiment auf einem Tisch wie vertraute Familienangehörige mit eigenem Charakter.

Ohne Fleiß kein Reis – Luca Rizzottis edle Auswahl

„Indica", einen basmatiartigen Langkornreis, dann den etwas körnigeren „Roma" sowie „Nerone", den Schwarzen. Und vor allem „Carnaroli", den Reis fürs Risotto. Er enthält mehr Stärke, wird dadurch cremiger beim Kochen. Lucas Vater Fabrizio wurde für verrückt erklärt, als er vor gut 20 Jahren begann, wieder die wenig ertragreiche Reisart „Razza 77" anzubauen. Heute kann er es sich leisten, sie und andere Qualitätsprodukte nur an regionale Märkte, an Catering-Firmen und edle Restaurants zu verkaufen. So wie das „Convivium" von Chefkoch Gianpiero Cravero in Novara. Er kredenzt mit Hingabe ganze Menüs rund ums Risotto, kommt zwischendurch immer wieder aus der Küche zu seinen Gästen und schwärmt ebenso vom Reis wie Luca. Der empfiehlt beim Abschied von seiner Reisfarm noch weitere Restaurants ganz in der Nähe und predigt jetzt fast ein wenig, dass man aus dieser Region nicht wegfahren dürfe, ohne die Küche dort verkostet zu haben: Dein Reis komme – als Risotto aus Novara und Umgebung!

Info

Lage: Novara und seine Reisregion liegen etwa eine Autostunde westlich von Mailand.

Anfahrt: Per Flugzeug nach Mailand, dann über die A4, E64, SS703 und SP211 im Mietwagen oder per Zug zur Azienda Agricola Rizzotti in Vespolate bei Novara.

Öffnungszeiten: geführte, einstündige Touren nach Vereinbarung, am besten vorher kurz per Mail oder telefonisch anmelden, Tel.: +39 338 307 3491

Eintritt: keiner

Website: risorizzotti.com/en/aboutus/guided-tours

Luca Rizzotti neben der Hamburger Maschine

15. Rot, bitter, beim Dom: Wo in Mailand der Campari populär wurde

Nachmittags einkehren, ein paar Snacks auf den Kaffeehaustisch und dazu einen Aperitif – in Mailand besonders stilvoll zelebriert im Caffè Camparino, mit besten Aussichten in eine Shopping-Kathedrale.

Die Galleria Vittorio Emanuele II – Mailands Shopping-Tempel

Ein Tisch für zwei? „Si, si, pronto", sagt der weiß livrierte Barista und beeilt sich, die unterarmdicke weinrote Kordel zu lüften. Sie trennt die Außenterrasse des „Caffè Camparino" von der Galleria Vittorio Emanuele II, vielfach schnöde als „Einkaufspassage" tituliert und damit in die Karstadt-Kaufhof-Liga herabgewürdigt. Passage? Ach was, eine Kathedrale ist diese Galleria – kreuzförmig, von einem tonnenförmigen 47 Meter hohen Glasdach überwölbt, mit Marmor und Fresken geschmückt, vom italienischen König höchstselbst 1867 eröffnet. Ja, stimmt, reichlich Geschäfte gibt's bis heute – Prada, Versace, Armani, diese Preisklasse. Alle aus der Ferne zu sehen vom Tisch im „Camparino", sofern der Blick über den Tischrand hinaus schweift.

Lady in Red – Campari Soda

Denn auf dem Tisch baut der Barista gerade sein Standard-Ensemble aus weißen Schüsseln auf, mit Oliven, Crackern und Grissini drin. Sozusagen die Vorgruppe für den Star, die Lady in Red. Sie bekommt ihren eigenen Auftritt, beim zweiten Service des Mannes in Weiß: Vom Silbertablett serviert er eine halbtransparente Flüssigkeit in einem sektflötenähnlichen Glas. Leicht schäumend, das Ganze, irgendwo zwischen Knallrot und Weinrot changierend, mit immer wieder geheimnisvollem Geschmack. Bitter, na klar. Aber auch etwas perlend? Eine Spur fruchtig? Lieber noch einmal nippen, in der Hoffnung auf etwas mehr Klarheit.

Campari Soda – der Klassiker, meistverkaufter Cocktail im Camparino: ein Teil Campari, drei Teile Soda. Und vielleicht eine Orangenscheibe dazu. So lautet die Rezeptempfehlung. Und sagt damit rein gar nichts darüber aus, wie wohl der Geschmacksmix des roten Likörs zustande kommt. Wird auch nicht verraten – das Campari-Rezept ist ungefähr so geheim wie das der Cola. Bitterkräuter, Duftstoffpflanze und Früchte sollen drin sein, sie werden angeblich mit Alkohol und Wasser aufgegossen. Die geschätzte Zahl der Zutaten schwankt von 20 bis 80. Und das am häufigsten zu lesen-

In der Galleria eröffnete die erste Campari-Bar.

de Gerücht lautet: Die rote Farbe stammte ursprünglich von getrockneten und zerstoßenen Schildlauspanzern.

Kurz nach der Eröffnung der Galleria Vittorio Emanuele II im Jahr 1867 war es, als Gaspare Campari in seinem Café den erstmals nach ihm benannten Aperitif servierte. Schon bald nippten Klassik-Superstars wie Guiseppe Verdi, Giacomo Puccini und später der Geiger Arturo Toscanini nach ihren Auftritten im nahen Mailänder Opernhaus „Scala" an diesem Drink. Unklar ist, ob Campari ihn in seinem Mailänder Café erfand oder schon in den Jahren zuvor, als er ab 1860 im etwa eine Autostunde entfernten Cassolnovo einen Spirituosenladen betrieb. Abgeschaut hat er sich die Geschmacksrichtung „Bitter" (unter der Campari bis heute vielerorts noch firmiert) wohl bei niederländischen Schnapsbrennern, weshalb er seine Erfindung zunächst „Bitter all'uso d' Hollanda" nannte.

Mal aufstehen und reingehen ins Camparino. Ein seltsam portioniertes Lokal: rechts neben dem Eingang in eine Ecke gequetscht, die Kasse. Davor eine freie Fläche, offenbar zum Umschauen und Staunen. Anlass dafür bieten die Wände: Hinter dem mit Flaschen (nicht nur die Hausmarke!) ausstaffierten Tresen hängen riesige Spiegel auf einem noch riesigeren Mosaik. Alles wirkt wie eine Theaterkulisse. Die Baristi wieseln mit ihren Tabletts hin- und her, haben aber offenbar ein sehr geschultes Auge für Gäste, die das Tresen-Ensemble fotografieren wollen. Geduldig bleiben sie stehen, halten inne, bis alle Bilder gemacht sind. Was die meisten Fotografen zu diesem Moment noch nicht ahnen: Sie sind – unfreiwillig – selbst auf jedem Bild, denn es gibt keine „Kamera-Position" in diesem Café, von der aus man sich nicht selbst per Riesen-Wandspiegel mit aufs Bild beamt. Mal ein Selfie der anderen Art. Darauf noch einen Bitter, per favore!

Info

Lage: Das Caffè Camparino liegt mitten in Mailand, an der Piazza Duomo 21, im Eingang der Galleria Vittorio Emanuele II.

Anfahrt: Mailand ist von vielen deutschen Flughäfen mit Direktflügen gut erreichbar. Shuttles führen vom Flughafen Malpensa in die City.

Öffnungszeiten: 8 bis 22 Uhr, montags nur bis 21 Uhr

Eintritt: keiner

Website: camparino.com

16. Bergamos tägliche Tage der offenen Tür: Zu Besuch bei den Handwerkern

In der doppelstöckigen Stadt kann man im Vorbeigehen bei berühmten Rennradlern, Pasta-Manufakturen, Geigenbauern und Stracciatella-Erfindern reinschauen.

Am Nordrand der Po-Ebene klebt Bergamo als Farbklecks – so kaminrot leuchten die Schindeldächer der Unterstadt. Die denkmalgeschützte Oberstadt erhebt sich darüber kronenartig, mit gut sechs Kilometer langer Festungsmauer als Kranz. Wie goldene Kronjuwelen ragen daraus Türme, Kirchenkuppeln und Palazzi im Sonnenlicht auf. Die Hintergrund-Kulisse – grüne und in der Ferne schneeweiße Alpengipfel – inspirierte die gallischen Stadtgründer bei der Namenswahl: Ihr Berg-hem – Heim am Berg – wurde zu Bergamo und im Mittelalter abwechselnd von Mailänder und venezianischen Clans erobert. Venedigs geflügelter Löwe an vielen Mauern und Kirchenportalen zeigt bis heute, wer in Bergamo beliebter ist. Glockengeläut prägt den Sound der 120.000 Einwohner-Stadt. Hier gravitätisch, dort hektisch bimmelnd, vereinzelt freejazzig und in der Oberstadt täglich als Marathon: 100 Schläge um 22 Uhr – einst Last

Den besten Blick über Bergamo bietet der Campanone.

Call vorm Schließen der Stadttore – gongen bis heute im Campanone. Dieser mit 53 Metern höchste Stadtturm bietet das schönste 360-Grad-Stadtpanorama.

Am bequemsten geht´s mit der Funicolare in die Oberstadt.

Die klobige Standseilbahn Funicolare fährt zwar am schnellsten aus der Unter- in die Oberstadt, aber an vielen Attraktionen vorbei, die per Rad besser zu entdecken sind. Im 80 Jahre alten Laden der Rennradler-Dynastie Pesenti mit Fotowänden über Opa Antonios Giro-d'Italia-Sieg und das Olympiasilber seines Sohnes in Melbourne 1956 verleiht Enkel Luca heute hochwertige E-Bikes – „ideal für die verwinkelte, zweistöckige Stadt", sagt er. Ob das wirklich sein muss, denkt man sich – und wird's später noch merken. Immerhin, gut gefedert gleitet das E-Bike übers Kopfsteinpflaster zu einer von Bergamos letzten Pasta-Manufakturen: Ravioliartige Casoncelli produziert der versteckte Hinterhaus-Feinkostladen Leidi noch selbst – in einer museumsreifen Küche mit rasselnden Fünfziger-Jahre-Maschinen, die Chef Massimo Fragola strahlend und sichtlich stolz vorführt. Einfach vorn im Laden am Tresen danach fragen, dann darf man einen Blick in die Küche dahinter werfen.

Ein paar Straßen weiter, in der Via Pignolo 41, arbeitet noch so ein gastfreundlicher Bergamesker: Umgeben von Hobelspänen und Schraubzwingen verleimt Matteo Pontiggia passgenaue Tannen-, Ahorn- und Ebenhölzer zu 5000 Euro teuren Violinen, Geigen oder Celli und erzählt darüber mit Passion. Wie er sich freut, wenn er bei Konzertbesuchen so manche seiner Violinen im Arm der Orchestermusiker wiederentdeckt.

Bei Massimo Fragola in die Pasta-Produktion einblicken ...

... und Matteo Pontiggia beim Geigenbau zuschauen.

Und wie er auf seinem Schulweg immer davon geträumt habe, genau in dieser Gasse mal einen Laden zu haben. In seinem war früher ein Schreibwarenhändler, bei dem er Stifte und Papier kaufte.

Spätestens nach dem Abschied vom Geigenbauer wird klar, warum Signore Pesenti anstelle eines normalen Rades ein E-Bike empfahl: Es schnurrt jetzt die wirklich ziemlich steilen Gassen und die auf der Festungsmauer entlang schlängelnde Promenade Via delle Mura Richtung Oberstadt hoch. Kaum Sonne fällt in die engen, hoch bebauten und fast autofreien Gassen der Oberstadt. Hier gibt's keine Filialen internationaler Ladenketten oder Burgerbräter, sondern nur einheimische Cafés und kleine Läden, die zum Stöbern einladen – etwa in der zentralen Via Gombito. Abseits davon sind nur wenige Besucher unterwegs – und verpassen möglicherweise eine geschichtsträchtige Abkühlung, ohne die man aus Bergamo nicht abreisen sollte: In der Eisdiele La Marianna erfand Enrico Panattoni 1961 die Sorte Stracciatella. Er ließ Schokolade ins Vanille-Eis kleckern (italienisch: stracciare) und beides miteinander verschmelzen, wie bei der Suppe namens Stracciatella aus seiner römischen Heimat. In 70 Prozent aller „Marianna"-Hörnchen ist bis heute Stracciatella – unbedingt probieren!

Hier wurde das Stracciatella-Eis erfunden.

Info

Lage: Bergamo liegt gut 50 Kilometer nordöstlich von Mailand.

Anfahrt: Airlines wie Ryanair und Alitalia fliegen von deutschen Flughäfen zum Flughafen Mailand/Bergamo, der etwa eine halbe Autostunde westlich von Bergamo liegt. Von dort führt eine Buslinie in Bergamos Stadtzentrum. Fahrpläne und Tickets unter atb.bergamo.it/en/atb-network/tourism-in-bergamo/airport-bus

Öffnungszeiten: Die beschriebenen Stippvisiten sind innerhalb der üblichen Ladenöffnungszeiten möglich.

Eintritt: keiner

Webseiten:
- visitbergamo.it
- Funicolare-Standseilbahn: atb.bergamo.it/it/viaggia-con-noi/turismo-a-bergamo/funicolari
- E-Bike-Leihe: z. B. ciclipesenti.it
- Casoncelli-Manufaktur: raviolificioleidi.it
- Eisdiele La Marianna: lamarianna.it

17. Bergamos Heldenreise: Lottos Fresken, Colleonis Hoden, Donizettis Grab und – Hunzikers Haus

Auch in Sachen Kunst und Geschichte ist Bergamo ist mehr als Mailands kleine Schwester: Sie punktet mit einmaligen Kunstschätzen, einem Potenz-Protz sowie einer berühmten TV-Moderatorin.

Ja, Bergamo ist eine Stadt der Künste, und zwar schon lange: Die Accademia Carrara ist eine der ältesten, für Besucher geöffneten Privatsammlungen mit 1700 Gemälden, darunter zahllose Dürer, Tizians, Breughels

Die Basilica di Santa Maria Maggiore – vom Campanone aus fotografiert

An der Festungsmauer steht die Villa von Michelle Hunziker.

und als Highlight: die Porträts der Familie Medici von Botticelli. Mit Glück können Besucher in der Accademia in eine sogenannte „Art-Peepshow" hineinschauen: Durch eine Glasscheibe beobachten sie dabei Spezialisten, die mitten im Museum in einer eigens aufgebauten Mini-Werkstatt mit feinem Pinsel und Spezialtinkturen ein Bild restaurieren. Besonders spektakulär war das, als ein wiederentdecktes Bild des Renaissance-Malers Andrea Mantegna auf der Staffelei stand. Es lagerte jahrelang im Fundus des Museums, bis der Kurator der Accademia Carrara meinte erkannt zu haben, dass das Bild der obere Teil eines Mantegna-Gemäldes ist, das er in den USA gesehen hatte. Der Kunstexperte ließ sich davon nicht abbringen und bewies schließlich, beide Teile gehören zusammen. Schätzwert nur für die obere Hälfte: 30 Millionen Euro. Weshalb die Art-Peepshow-Werkstatt einem Hochsicherheits-Tresor glich – mit Sensoren, Alarmanlage und Zugangsberechtigung nur für zwei Personen: den Kurator und die Restauratorin.

Nicht weit von der Accademia werden Bergamo-Besucher kurz in die Gegenwart gebeamt, wenn sie denn die Blitzreise von Renaissance-Stars zu einem heutigen TV-Sternchen und einem Mode-Zar mitmachen wollen: An der Festungsmauer – genauer, in der Via Osmano 6 – steht die Villa von Michelle Hunziker und ihrem Mann Tomaso Trussardi, zu erkennen an einem XXL-Efeu-Herz an der Mauer zur Viale delle Mura. Ob es bei

Hunzikers hinterm Sofa wohl ähnlich opulent aussieht wie im Palazzo Terzi einige Höhenmeter weiter in der Oberstadt? Die Besitzerfamilie öffnet nach vorheriger Besuchs-Anfrage, zeigt die barocke Pracht des zwei Stockwerke hohen, turnhallengroßen Salon di Festi, früher „Gästezimmer" für Kaiser und noch heute fast komplett durch Kerzen in Kronleuchtern und Lüstern erhellt. Nebenan im Salla del Sopra Rizzo wurde die italienische Fahne 1848 vor österreichischen Eroberern hinter einer wertvollen, verschnörkelten Textiltapete versteckt und 1860 unversehrt wieder rausgezogen. Hermann Hesse, 1913 Gast bei Terzis, pries den Palazzo als „Schönste Ecke Italiens".

Ähnlich schwärmte Architekt Le Corbusier auf der zentralen Piazza Vecchia und befand: Ein Verbrecher sei, wer hier nur einen Stein verändere in diesem kaum fußballplatzgroßen Ensemble des 15. Jahrhunderts aus Palazzi, Torre und Löwenbrunnen auf rot-weißem Pflaster-Raster. Ein schöner Ort zum Innehalten zwischen Selfie-Knipsern, plantschenden Kindern, Touristengruppen und geschäftigen Kellnern. Also quasi die aktuelle Ausgabe des Wimmelbildes nebenan – unter der hohen Decke der Basilica di Santa Maria Maggiore: Das dichte Gewusel aus Putten, Trompeten-Engeln und alttestamentarischen Figuren dieser Hallenkirche verwirrt auf der Suche nach optischem Halt. Diesen bieten neun riesige Wand-Gobelins und Lorenzo Lottos täuschend echt gearbeitete Holzintarsien-Bilder im Altarraum – etwa die Sintflut mit Arche Noah. Komponist Gaetano Donizetti, berühmtester Sohn der Stadt Bergamo, liegt in der Basilika begraben, beweint von sieben Marmor-Kindern. Sie zerstören Instrumente, weil für den Grabstein-Schöpfer 1848 mit Donizetti angeblich gleich die ganze Musik starb.

Deckengemälde im Palazzo Terzi

Bergamos zweiter Held ließ sich neben der Basilica beerdigen.

Der Campanone auf der Piazza Vecchia

Die Front der Basilica di Santa Maria Maggiore

Söldner-General Bartolomeo Colleonis Wappen mit drei Hoden

Söldner-General Bartolomeo Colleoni bewahrte die Stadt vor Mailänder Eroberungen, wollte dafür schon zu Lebzeiten ein Mausoleum und ließ – um Platz zu schaffen im Zentrum – eine vorhandene Kirche abreißen. Der Bischof hielt still, denn er hatte einen Geheimdeal mit dem General, der für den Abriss eine dicke Spende an die Kirche leistete. Colleonis Grabkapelle hat eine fein ziselierte Renaissance-Fassade und am Tor ein schmiedeeisernes Macho-Familienwappen: drei Hoden (ja, genau: 3!). Sie heißen im Vulgär-Italienisch „Coglioni", sollen Colleonis Potenz symbolisieren und sind sehr abgewetzt, weil viele Besucher sie berühren – in der Hoffnung auf gesteigerte Manneskraft.

Info

Lage: Bergamo liegt gut 50 Kilometer nordöstlich von Mailand.

Anfahrt: Airlines wie Ryanair und Alitalia fliegen von deutschen Flughäfen zum Flughafen Mailand/Bergamo, der etwa eine halbe Autostunde westlich von Bergamo liegt. Von dort führt eine Buslinie in Bergamos Stadtzentrum. Fahrpläne und Tickets unter atb.bergamo.it/en/atb-network/tourism-in-bergamo/airport-bus

Öffnungszeiten und Eintritt:
- Accademia Carrara: täglich außer dienstags 9:30 bis 17:30 Uhr; 10 Euro
- Palazzo Terzi: nur nach vorheriger Anmeldung und nur in Gruppen; 7 Euro
- Basilica: üblicherweise zwischen 9 und 12:30 Uhr sowie 14:30 bis 18 Uhr ab 3 Euro

Websites:
- visitbergamo.it
- Accademia Carrara: lacarrara.it
- Besuche im Palazzo Terzi sind buchbar unter palazzoterzi.it
- Basilica Santa Maria Maggiore und Donizetti-Grab: fondazionemia.it/it/basilica

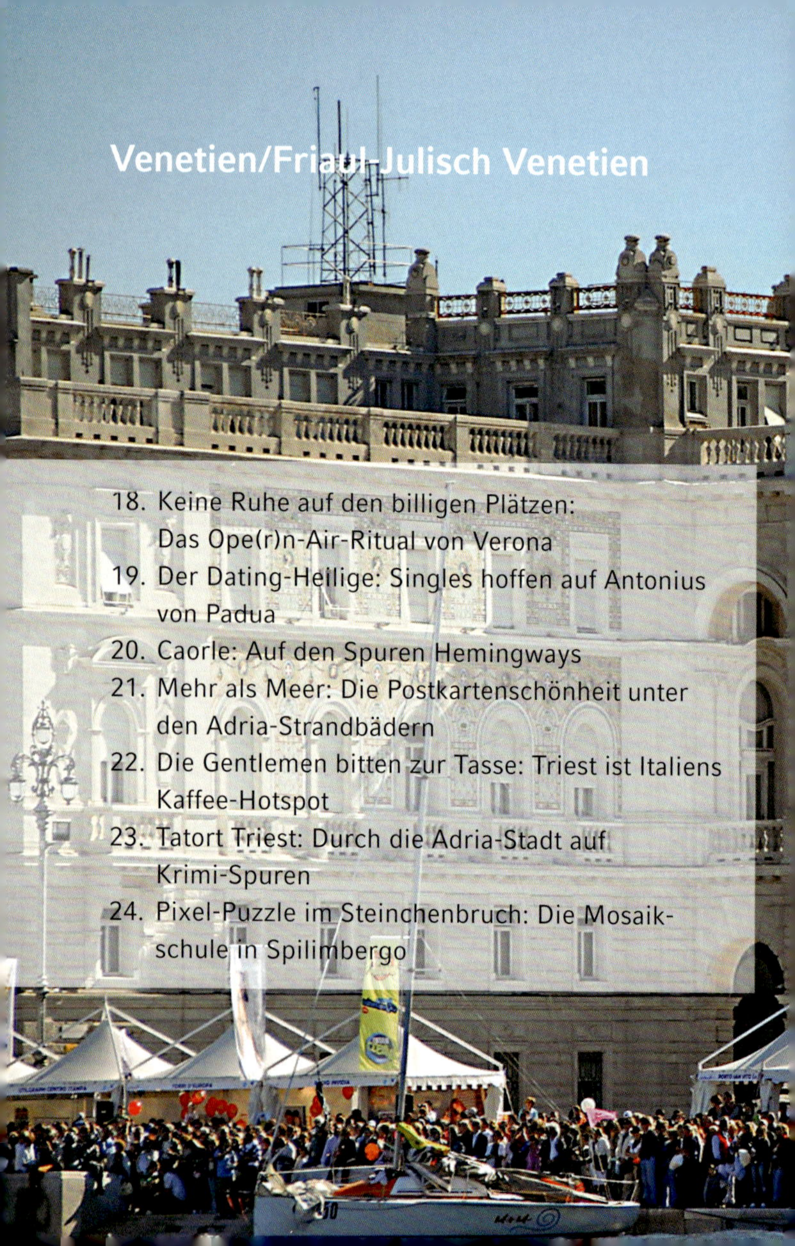

Venetien/Friaul-Julisch Venetien

18. Keine Ruhe auf den billigen Plätzen: Das Ope(r)n-Air-Ritual von Verona
19. Der Dating-Heilige: Singles hoffen auf Antonius von Padua
20. Caorle: Auf den Spuren Hemingways
21. Mehr als Meer: Die Postkartenschönheit unter den Adria-Strandbädern
22. Die Gentlemen bitten zur Tasse: Triest ist Italiens Kaffee-Hotspot
23. Tatort Triest: Durch die Adria-Stadt auf Krimi-Spuren
24. Pixel-Puzzle im Steinchenbruch: Die Mosaikschule in Spilimbergo

Triests Mole voller Zuschauer während der Barcolana, einer der weltweit größten Segelregatten

ÖSTERREICH
A10
Bruneck
Bozen
ITALIEN
Trient
A22
24. Spilimbergo
21. Lignano
20. Caorle
22. + 23. Triest
18. Verona
A4
Venedig
19. Padua
Adria
Bologna
Rimini

18. Keine Ruhe auf den billigen Plätzen: Das Ope(r)n-Air-Ritual von Verona

Vor über 100 Jahren wurde in Veronas antiker Arena erstmals eine Monumental-Oper inszeniert: „Aida" mit mehreren Hundert Statisten und Tieren. Seitdem gibt's hier Verdis Klassiker und viele andere Opern-Evergreens immer wieder, vor allem aber viel Spektakel, Sehen und Gesehenwerden im größten Freiluft-Opernhaus der Welt sowie drumherum.

Kurz nach sieben abends, eigentlich Einlasszeit. Doch die Tore der Arena di Verona in den wuchtigen Steinbögen bleiben noch zu. Menschen wie Gerhard Schröder würden jetzt dran rütteln und rufen: „Ich will hier rein!" Opernfans in Verona aber beginnen zu singen: „Va pensiero", den Gefangenenchor aus Verdis „Nabucco", beinahe eine Nationalhymne in Norditalien, weil man damit einst die österreichischen Besatzer so schön ärgern konnte. Heute Abend erweicht diese Hymne die Ordner – sie öffnen. Hinein in die muffigen Katakomben der 2000 Jahre alten Arena drängen die Menschen für „Aida", sozusagen Verdis Superhit, der heute Abend gegeben wird.

Veronas Arena in der blauen Stunde

„Gradinata" – für die Stein-Sitzplätze braucht man Sitzfleisch.

Die meisten dieser „Früh-Ansteher" kraxeln gleich in Richtung „Gradinata" – die nicht nummerierten Sitzplätze am oberen Ende des Arena-Runds. Sie muten ein bisschen an wie billige Ränge eines renovierungsbedürftigen Fußball-Zweitliga-Stadions. Der Weg dorthin ist ein kleiner Trimm-dich-Pfad über 45 Stufen, bestehend aus Gesteinsblöcken, so groß, dass man schon einen Riesenschritt machen muss, um von einem auf den nächsten zu kommen, wenn gerade keine Treppe in der Nähe ist. Trotzdem: Geübte italienische Großfamilien erobern im Nu ganze Areale wie sonst die Sonnenliegen am Adria-Strand: Rot-weiß karierte Sitzkissen markieren den Territorial-Anspruch, Kühlboxen die Grenze zum Nachbarn. Vino und Aqua minerale machen die Runde, der Snack dazu stammt von „Povia", halb Kult-Imbiss, halb Bäckerei im 70er-Look, gleich neben der Arena in der Via Anfiteatro. Dort gibt's die besten „Panzerotti" – luftige Teigtaschen mit Spinat und Schinken – oder „Risini", pralinengroße Reiskuchen. Tribünen-Picknick, ein angenehmer Zeitvertreib beim gemeinsamen Warten auf den Sonnenuntergang, denn erst dann geht der Vorhang auf. Ersatzweise beobachten die Gradinata-Gäste über den Rand der Arena-Schüssel das feierabendliche Schauspiel auf der baumbestandenen Piazza Bra vor der Arena, wo Kellner in den Straßencafés bereits Gedecke fürs Après-Opera-Geschäft zurechtrücken.

Kurz vor neun – nun füllen sich auch die letzten der rund 15.000 Plätze. Und zwar mit jenen, die ihren eigenen Auftritt haben wollen, den Gang zwischen den Sitzreihen als Laufsteg nutzen, um ihre Kleider von Gucci und Prada sowie die coolen Zegna-Anzüge zu präsentieren, kurz zuvor erstanden in Veronas Nobel-Fußgängerzone Via Guiseppe Mazzini gleich nebenan. Hier verdienen sich auch Edel-Schuhgeschäfte mit High Heels und Pumps für Möchtegern-Arena-Besucherinnen den einen oder anderen Euro-Hunderter dazu. Investitionen, die sich auch aus Sicht der Käuferinnen lohnen, denn auf der gut 100 Meter breiten und mehr als 20 Meter hohen Bühne passiert noch nichts, aber die Blicke richten sich schon in gespannter Erwartung dorthin, wo nun die gestylten Spätkommer – nicht zu übersehen – durchs Bild stöckeln. Hier, aber nur hier, ähnelt Verona den anderen großen Playern der Opernfestspiel-Champions-League, in Salzburg oder Bayreuth etwa.

Panzerotti? Dann am besten zu „Povia“

Die „Opern-Air“-Spielzeit in der norditalienischen 300.000-Einwohnerstadt wird meist eröffnet mit Klassikern wie Bizets „Carmen“ oder Verdis „Aida“, dem ununterbrochen seit dem Premierenjahr 1913 hier gespielten Monumentalopern-Klassiker. Außerdem auf dem Spielplan noch mehr

Verdi, mal ein bisschen Puccini und Rossini. Weil es in den frühen Jahren fast kein elektrisches Licht in der Arena gab, brachten die Zuschauer ihre eigenen Kerzen mit, damit sie das auf Knien aufgeschlagene Textbuch während der Aufführung lesen konnten. Dieses Kerzenlicht der frühen Jahre ist erst seit Kurzem zurück. Ein Sponsor des Arena-Festivals hat diesen Brauch wiederbelebt, drückt jedem Besucher ein flackerndes Licht in die Hand. Anekdoten und Geschichten wie diese bietet übrigens Veronas AMO-Opern-Museum: Domingo, Callas und Pavarotti kann man auf Knopfdruck schmettern lassen, ihre alten Arena-Auftritte an die Wand beamen. Kostüme zum Anfassen gibt's und haushohe goldene Sphinxen, wie sie jetzt wieder an der Arena herumstehen, fachgerecht vom Baukran eingeparkt, weil Aida gegeben wird.

Kurz nach neun, es sind immer noch angenehme 23 Grad. Fast alle Scheinwerfer strahlen, und quasi als Vorgruppe führt ein Mückenschwarm im Lichtkegel sein Luftballett auf. Über die seit einem Erdbeben im Jahr 1177 bröckelige Arena-Krone sausen lautlos im Zickzack einzelne Fledermäuse. Aus ihrer Perspektive sieht die Arena jetzt aus wie ein riesiger Topf,

Die Arena di Verona nach Toresschluss

Volles Haus – immer beim jährlichen Ope(r)n-Air-Festival

in dem es hell brodelt. Dann geht es endlich los: Edelgewandete VIPs lauschen ebenso andächtig wie die Gradinata-Picknick-Fans den glasklar erklingenden Tenören und Sopranstimmen, Alts und Baritons. Sie tragen in der Aida-Inszenierung heute Abend altägyptische Dramen von unerwiderter Liebe, rasender Eifersucht und sehr, sehr langsamem Tod überall ins Rund – ohne Mikros und Verstärker. Beinahe wähnt man sich selbst bei den Pharaonen, wären da nicht eine in der Ferne knatternde Vespa und das hinter der Bühne in den Himmel steigende Flugzeug, soeben gestartet vom nahen Flughafen.

Info

Lage: Verona liegt 30 Kilometer vom Südostufer des Gardasees entfernt.

Anfahrt: Airlines wie Lufthansa, KLM, Air France und Ryanair fliegen von deutschen Flughäfen nach Verona.

Öffnungszeiten: zu den einzelnen Veranstaltungen siehe Website

Eintritt: ca. 15 bis über 200 Euro

Webseiten: arena.it

19. Der Dating-Heilige – Singles hoffen auf Antonius von Padua

Er ist so eine Art Allrounder unter den katholischen Heiligen: Antonius hilft beim Wiederfinden verlorener Sachen, kann angeblich Viehkrankheiten heilen und ist für viele Singles letzte Hoffnung, den Partner fürs Leben zu finden. Wobei man die einsamen Herzen beobachten kann – in Paduas Antonius-Basilika.

„Schlampertoni" heißt der heilige Antonius in Bayern. Weil Menschen ihn anrufen, wenn sie verlorene Sachen wiederfinden wollen. Wie man zum „Lost & Found-Beauftragten" der katholischen Kirche wird? Natürlich durch eine Legende. Und die geht so: Ein Novize, der den Franziskanerorden verlassen wollte, stahl den Psalter des Antonius – als „Erinnerung" – und reiste nach Padua. Unterwegs sei der junge Mann von einer schrecklichen Erscheinung überwältigt worden und habe das Buch postwendend und reuig zurückgebracht.

Paduas Antonius-Basilika – ein heiliges Ziegelstein-Gebirge

Nach Padua aber muss heute, wer dem heiligen Antonius nahe sein will. In der ihm zu Ehren errichteten Basilika, einem wuchtigen rötlichen Ziegelsteingebirge mit Kuppeln und spitz aufragenden Türmen, liegen seine sterblichen Überreste. Ausgestellt ist in einem riesigen goldenen Reliquiar aus dem Jahr 1436 unter anderem die – im Unterschied zu anderen Körperteilen – nicht verweste Zunge. Was für ein Zufall bei diesem als äußerst redegewandt beschriebenen Kirchenmann. Sein Steinsarg in der Basilika ist nicht nur Fotostopp-Ziel vieler Gruppen, die hinter den hochgereckten Regenschirmen ihrer Guides her trotten, sondern auch Sehnsuchtsziel von Frauen und Männern, die Antonius als ihre letzte Rettung ansehen – nämlich bei dem Versuch, endlich den Partner fürs Leben zu finden.

Antonius ist also – neben seinen kirchlichen Zuständigkeiten für Bergleute und Bäcker sowie gegen Fieber und Viehkrankheiten – auch der Dating-Heilige. Und hat als solcher oft Besuch ganz besonderer Pilgergruppen mit Kuppel-Faktor. Angeboten werden jene meist zwei- bis dreitägigen Single-Bustouren nach Padua von Kirchengemeinden und christlichen Vereinen. Sie werben zwar nicht offensiv mit ihrer Erfolgsquote, verheimlichen sie aber auch nicht: Wenn's gut läuft, bringen zehn Wallfahrten angeblich schon mal um die 20 Ehen und noch ein paar Verlobungen. Darauf hoffend, dass der heilige Antonius auch sie mit einem Partner beglücken möge, sieht man einzelne Basilika-Besucher seinen Steinsarg berühren, manche murmeln dabei ein Gebet oder halten einfach ergriffen inne.

Quasi als Tinder-Reiseleiter solcher Glücksucher-Fahrten fungieren Kirchenmänner, die in der Antonius-Basilika schon mal religiöse Sinnsprüche mit Durchhalteparolen-Sound einstreuen: „Herr, hilf uns bindungsfähiger zu werden und in der Liebe zu reifen!" Oder: „Wer nicht liebt, der kennt Gott nicht; denn Gott ist Liebe." Damit die Stimmung aber nicht ins Schwerenöterige kippt, gibt's zwischendurch auch mal ein paar Infos über Antonius, immerhin einen der katholischen Topheiligen: Als Fernandez Martins de Bulhoes in Lissabon geboren, wahrscheinlich um das Jahr 1195, stammte er aus einer reichen Adelsfamilie und trat nach intensiver religiöser Ausbildung 1212 den Augustiner-Chorherren bei. 1220 wechselte er quasi den Verein, wurde Franziskaner, nahm den Namen Antonius an – nach dem Wüstenvater und Einsiedler. Nach Italien gekommen, war er schon zu Lebzeiten zeitweise populärer als Ordensgründer Franz von Assisi. Nur elf Monate nach seinem Tod wurde Antonius heiliggesprochen – Rekord! Und er gehört zu den Kirchenlehrern, obwohl es kaum zusammenhängende Schriften von ihm gibt.

Innenansichten ...

„Il Santo“ – der Heilige – wird er heute in Padua schlicht genannt und ist in einem weiteren posthumen Nebenjob der Stadtpatron von Lissabon. Wozu dem Reiseleiter-Pater noch eine süffige und den nach Liebe dürstenden Singles Hoffnung machende Anekdote einfällt: In Portugal stellen die Menschen angeblich kleine Antonius-Holzstatuen auf den Kopf, wenn etwas nicht wie gewünscht läuft, aber unbedingt klappen soll. So tat es der Anekdote zufolge auch eine Frau, die partout keinen Mann fürs Leben finden konnte. Doch auch mit dem auf den Kopf gestellten Antonius änderte sich das nicht. Weshalb die Frau ihre Statue wütend aus dem Fenster schleuderte. Dort traf sie einen wunderschönen Mann am Kopf. Das kann kein Zufall sein, dachte er, da drinnen muss eine beherzte, zupackende Frau wohnen und marschierte ins Haus hinein. Es soll Liebe auf den ersten Blick gewesen sein …

… der Basilika

Info

Lage: Padua liegt etwa 50 Kilometer südwestlich von Venedig.

Anfahrt: Vom Flughafen Venedig über die Autobahn A57 und A4.

Öffnungszeiten: täglich 6:20 bis 19:45 Uhr (während der Europäischen Sommerzeit), bis 18:45 Uhr in der Winterzeit

Eintritt: keiner

Website: santantonio.org/de/basilica

20. Caorle: Auf den Spuren Hemingways

„Italiens Florida" nannte der Literaturnobelpreisträger seinen Lieblingsflecken an der Adria. Hierher zog er sich kurz vor seinem Tod immer wieder gerne zurück, denn ein Ort faszinierte ihn besonders.

Piazza San Pio X – Caorles Puppenstuben-Platz

Im Nachbarort Lignano haben sie ihm ein Grundstück nah beim Strand geschenkt. Und hofften, er werde seinen Altersruhesitz darauf bauen. „Der alte Mann und das Meer" – es hätte so schön gepasst. Doch Ernest Hemingway, der amerikanische Literaturnobelpreisträger, hatte stets seinen eigenen Kopf und wollte sich nicht vereinnahmen lassen – schon gar nicht von einem in den 1950er-Jahren in Richtung Massentourismus aufstrebenden italienischen Badeort. Hemingway zog sich ab 1947 lieber immer wieder in das kleine, ruhige Fischerdorf Caorle zurück, gut 40 Kilometer südöstlich von Lignano.

Auf „Hemingway-Art" werde der Fisch hier zubereitet, verkündet daher bis heute ein verwittertes Holzbrett am Ristorante „Da Nappa". Nach dem genauen Rezept gefragt, lächelt der Kellner mit wegwerfender Handbewegung: „Ach, das war mal so ein Gag", sagt er – wohl wissend, sein gebratenes Dornhai-Filet ist so lecker, dass man den Hemingway-Style schnell vergisst. Trotzdem: Allerlei Touristen machen nach dem Studium der „Da Nappa"-Speisekarte sofort kehrt. Weil da dick und selbstbewusst „No Pizza!" draufsteht. Angenehmer Nebeneffekt dieses Fladen-Boykotts: Das Lokal ist nicht überfüllt, bietet stets den besten Blick auf die Piazza San Pio X, den zentralen Puppenstuben-Platz Caorles mit Eisdiele, Souvenirladen und – wie der ganze Ort – kräftig-bunten Fassaden à la Tuschkasten.

Abends isst man den Fisch ...

Auf dem Fischmarkt von Caorle lebt bis heute die Tradition der „Flüsterversteigerung". Montags bis freitags ab 15:30 Uhr versammeln sich Restaurantbesitzer und Händler am hiesigen Fischmarkt um den Auktionator und flüstern ihm die Angebote für die fangfrische Ware direkt ins Ohr. Die hohe Kunst des Auktionators ist es, sich zu merken, wer welches Angebot abgegeben hat. Abends, beim Verdauungsspaziergang an der Promenade, glaubt man schon wieder Ernest Hemingway ins Gesicht zu blicken, doch diesmal ist es das Antlitz von Meeresgott Neptun, in einen Felsen der Uferbefestigung gehauen. Denn jedes Jahr lädt der Ort Caorle Künstler ein, die nach und nach immer mehr der schroffen Brocken mit Gesichtern, Delfinen, Meerjungfrauen und anderen Skulpturen veredeln.

... der tagsüber flüsternd versteigert wurde.

Ernest Hemingway hat sich eher im „Hinterhof" Caorles herumgetrieben – den Lagunen. Hier ging er mit seinem Freund und Gastgeber, Baron Raimondo Franchetti, auf Entenjagd. Die Schönheit dieser Wasserwelt aus

Neptun ...

... und seine Fische ...

Kanälen, Schilf-Dschungel und Landflecken kann man nachlesen – in den Anfangs- und Schluss-Szenen von Hemingways Roman „Über den Fluss und in die Wälder" oder auf seinen Spuren „erfahren" – mit Ausflugsdampfern wie der „Europa". Der Kapitän, eine XXL-Ausgabe von Bud Spencer, steuert sachte an Hütten vorbei, von denen viele scheinbar allein aus bis zum Erdboden reichenden schilfgedeckten Dächern bestehen. „Casoni" heißen sie und waren noch bis in die Fünfziger Jahre des vergangenen Jahrhunderts die Behausungen der Fischer während der Fangmonate. Einige sind bis heute in Betrieb, auch als eine Art Freilichtmuseum für Besucher, in denen sie am offenen Kaminfeuer mit „Frutti di Mare de luxe" begrüßt werden: Miesmuscheln in Knoblauchsauce, Heuschreckenkrebse und Branzino, ein besonders pikanter Seebarsch. Dazu das eine oder andere erfrischende Gläschen Friaulischen Weißweins.

... an Caorles Promenade

Damit jeder danach gleich weiß, wo es nach Hause geht, steht unweit der Fischerhütten ein Wegweiser – mitten im Wasser der Lagune. Anders als Hemingway müssen heutige Besucher sich nach der Heimkehr selbst die Schuhe ausziehen. Der US-Bestseller-Autor hatte dafür einen Stiefelknecht: Tarsillo Veronese, damals ein Teenager, verdingte sich als „Junge für alles" in der Villa des Barons Franchetti und erinnert sich noch heute in Caorle gern daran, wie er sich mit Hemingway über Gott und die Welt unterhielt, während er ihm ein warmes Fußbad vorbereitete. Wer will, kann Tassilo treffen – er ist längst in Pension, aber wenn das Tourismusbüro anruft, dann erzählt er Gästen gerne noch mal über den alten Mann und das Meer.

Casoni – Fischerhütten in der Lagune von Caorle

Info

Lage: Caorle liegt 80 Kilometer nordöstlich von Venedig an der Adria.

Anfahrt: Von vielen deutschen Flughäfen nach Venedig-Treviso, von dort weiter per Auto über die SS89, E 70 und SP54 oder SP59.

Öffnungszeiten: keine

Eintritt: keine

Websites:

- caorle.eu
- nappa-ristorante-a-caorle-venezia.business.site

21. Mehr als Meer: Die Postkartenschönheit unter den Adria-Strandbädern

Lignano: Nostalgisch angejahrt, dieser Badeort, mit angenehm remmidemmifreien Strand, der fest in der Hand von „Bräun-Bären" und Baywatch-Daddys ist, die ihre Kinder beim Plantschen in der Adria-Badewanne beaufsichtigen.

Irgendwo Sand in Sicht? Nur hier und da ein paar Flecken. Dafür jede Menge Riesenpilze in blau, grün und orange. Sie verstellen die Blicke auf den Strand von Lignano. Denn schon morgens vor neun hat hier der mediterrane Abschirmdienst ganze Arbeit geleistet und jede Liege mit einem kühlen Schattenkreis versorgt. Rund 12.000 Sonnenschirme stehen stramm wie angetretene Soldaten auf der acht Kilometer langen Halbinsel Lignano. Klingt nach Teutonengrill, ist aber keiner. Denn erstens sind wenig Teutonen hier, sie kommen zahlenmäßig erst nach Italienern und Österreichern. Und zweitens: Anders als etwa bei den Adria-Nachbarn Jesolo und Bibione fehlen in Lignano die bei Grill-Teutonen so beliebten

Der mediterrane Abschirmdienst war schon da …

Zutaten wie Sangria-Eimer und Gröl-Gelage. Hier mal eine Schaumparty in der Hoteldisco, dort eine Bikini-Stripshow und ein überdrehter Radiosender, der aus seinem gelben Truck den Strand beschallt – ja, sowas gibt's auch in Lignano, aber nur im vorderen, lebhaften Drittel namens „Sabbiadoro". Hingegen sind „Pineta", der Mittelteil der Halbinsel und erst recht „Riviera", das Ende, eher ruhige, vielfach in Pinienwäldchen gelegene Urlaubsquartiere mit kleinen Hotels und chaletartigen Apartmenthäusern in schmalen Gassen. In den 1960er-Jahren sagte sich der Ort Lignano mit einem kleinen Aufstand von der nächstgrößeren Stadt Latisana los und begann seinen Aufstieg als Seebad.

Altes Leuchtfeuer

„Alles ziemlich von gestern hier", lautet daher wenig überraschend das Vor(läufig)-Urteil nach dem ersten Blickkontakt. Wegen der Muschelnetz-Deko samt Tropfkerzen und bemalter Rettungsringe in vielen Ristorantes. Wegen lila angestrahlter Sechziger-Jahre-Springbrunnen am Verkehrskreisel, einiger nach Siebziger-Jahre-Urlauberschließfächern aussehenden Hotels und wegen putziger, bunter Strand-Umkleidekabinen im Klohäuschen-Design. Doch schon der zweite Blick zwingt zur Urteils-Revision: Alles ziemlich gepflegt hier, renoviert und preiswert, nicht überlaufen und sehr kinderfreundlich. Letzteres natürlich vor allem wegen

der Badewanne namens Adria, die selbst 300 Meter vom Strand entfernt kaum knietief und lauwarm ist. Ideal für Baywatch-Daddys: Bäuchlings auf die Luftmatratze, den Fünffinger-Anker unter Wasser in den Sand krallen, die Kinder beim Plantschen beaufsichtigen und Sonne tanken. So manch einer dieser „Bräun-Bären" entfaltet danach sein Talent als Strand-Architekt und modelliert mit dem Nachwuchs fleißig Bonsai-Ausgaben römischer Triumphbögen oder Ritterburgen aus Sand. Familien mit Kindern jenseits des Backe-backe-Kuchen-Alters landen früher oder später im Riesenspaßbad „Aquasplash", im „Gulliverlandia" inmitten von haushohen Dinos, dem Zoo oder einer der anderen neun Bespaßungszentren dieser Halbinsel.

Vielleicht hat Schriftsteller Ernest Hemingway das alles schon vorausgesehen, als er Lignano das Etikett „Italiens Florida" verpasste. Vielleicht hat der US-Literaturnobelpreisträger aber auch nur den scheinbar endlosen Sandstrand gemeint, damals in den Fünfziger Jahren. Angeblich haben die Ortsvorsteher dem Autoren von „Der alte Mann und das Meer" – passend

Sundowner-Spaziergänger am Strand von Lignano

zum Titel seines bekanntesten Werks – gleich ein strandnahes Grundstück geschenkt. In der Hoffnung, er werde seinen Alterssitz draufbauen und sozusagen als „First VIP" in Lignano bleiben. Hemingway kam nie wieder, starb am 2. Juli 1961 und ist doch geblieben. Als Namensgeber für einen Park sowie für Lignanos alljährlich verliehenen Literaturpreis.

Info

Lage: Lignano liegt etwa 80 Kilometer nördlich von Venedig an der Adriaküste.

Anfahrt: Von vielen deutschen Flughäfen nach Venedig-Treviso, von dort weiter per Auto über die SR89, E70 und SS14.

Öffnungszeiten: keine

Eintritt: keine

Website: www.lignanosabbiadoro.de

22. Die Gentlemen bitten zur Tasse: Triest ist Italiens Kaffee-Hotspot

Nirgendwo im Espresso-Erfinder-Land Italien wird so viel Kaffee getrunken wie in Triest. Auch darum bietet die Adria-Stadt eine spannende Tour auf den Spuren von Cappuccino & Co.

Stuckverzierte Decken und Tütenlampen, Kaffeehaustische mit wuchtigem Eisensockel vor plüschigen, weinrot gepolsterten Stühlen, Schunkelwalzer aus dem Lautsprecher: Wer mit verbundenen Augen ins „Caffè Tommaseo" geführt, hier von der Augenklappe befreit wird und sagen soll, in welcher Stadt er sich befindet, der antwortet garantiert: „Wien". Und zweifelt Sekunden später schon, denn die Ohren schnappen ausschließlich italienische Sprachfetzen auf – vor allem den des Kellners nach einer Kaffeebestellung: „Prego?" Nun wird's spannend, dank eines postkartengroßes Hefts: „Trieste loves coffee", zu deutsch: Triest liebt Kaffee. Damit kann man in sechs verschiedenen Cafés eine aufgebrühte Spezialität der Stadt trinken. Die heißt garantiert anders als bei uns, darum steht die Vokabelhilfe gleich auf Seite zwei der Broschüre: Ein Macchiato soll es sein, also muss „Capo" bestellt werden. Oder „Capo in B" – dann kommt er „in bicchiere" – im Glas. Da muss man schon tief reingucken, denn drin ist nur eine braune Mini-Pfütze mit Schaum drauf. Jetzt bloß keine Touristen-Nörgelei anstimmen! Weniger ist hier nämlich mehr, denn der Capo schmeckt stark und bitter in Triests ältestem Café von 1830, traditionell ein Treffpunkt von politischen Aktivisten und einst Speiseeis-Pionier der Stadt.

Caffè Tommaseo

Direkt vor der Tür: die Molo Audace, eine etwa 200 Meter in die Adria ragende Mole – sozusagen Triests Laufsteg, tagsüber für Sonnenanbeter und Angler, abends für Liebespaare. Am Kopf der Molo Audace ist es wieder da, dieses

Hier und da spielt Triest ein wenig Wien.

Wien-Gefühl und zwar beim Weitwinkel-Blick auf die Stadt: Weiße, fünf- bis siebenstöckige Palazzi, die sich über ganze Straßenzüge erstrecken, mit neoklassizistischen Säulen und Großfamilien antiker Götterstatuen oder verputzten Theatervorhängen als Fassadenschmuck. Dazwischen ebenfalls österreichisch anmutende Kirchen mit abgerundeten Türmen. Besonders beeindruckend ist diese Kulisse auf der Piazza Unità d' Italia. Groß wie drei Fußballplätze, an drei Seiten eingerahmt vom mosaikverzierten Gouverneurspalast, dem XXL-Rathaus und dem Palazzo del Lloyd Triestino. Blickfang ist allerdings Seite Nummer 4: sie ist offen zum Meer. Die Terrasse des „Caffè degli Specchi" (Spiegel-Café) bietet den besten Blick hinaus und auch auf den Platz. Am Spätnachmittag, wenn die Sonne diese vielleicht schönste Piazza Italiens in milchkaffeewarmes Licht taucht. Und erst recht abends, zur blauen Stunde. Die gibt's hier auch bei bedecktem Himmel, dank blau leuchtender Poller und Lichter

Caffe degli Specchi

Landebahn-Leuchtfeuer? Nein, Flutmarken auf der Piazza Unità d'Italia

auf dem Platz. Sie markieren, wie weit das Wasser einst auf die Piazza schwappte, werden aber von den Triestern als Landebahn-Leuchtfeuer verspottet.

Auch wenn das Specchi nicht im Gutscheinheft vertreten ist – ein Espresso ist hier Pflicht. „Nero" heißt er in Triest und wird im Spiegelcafé zubereitet von Enzo, einem Barista. Viele dieser coolen Kaffee-Gentlemen lernen die richtige Bedienung ihrer fauchenden Dampfmaschinen und das Zaubern von Herzen und Drachenbildern im Milchschaum auf einer – Achtung! – Universität, gegründet von der Triester Edelkaffee-Dynastie Illy. Etwa 1000 ambitionierte Bohnen-Brüher pro Jahr erfahren hier, dass wahrer Espresso

im Mund eine Geschmacksexplosion hervorrufen muss, die mindestens 15 Minuten anhalten soll. Weil die Kaffee-Studenten beim Probieren ihres Übungsgebräus aber nicht so lange bis zum Abklingen der Gaumen-Detonation warten können, müssen sie diese am Mundspülbecken mit Wasser und Puffreis löschen. Auch immer mehr Touristen machen an der Illy-Uni eintägigen Bildungsurlaub und zeigen zu Hause stolz ihre Urkunden als „Coffee Expert" oder „Cappuccino Excellence" vor. So wie Enzo können sie dann wasserdampf-wolkig umschreiben, wie Nero, der kleine Schwarze, in der Tasse aussehen muss: „Oben drauf haselnussbraun und leicht angeschäumt, mit leichtem Rotstich, feinen Bläschen und so viel Oberflächenspannung, dass eine Prise Streu-Zucchero nicht pronto darin versinkt."

Mitten in seinen Wien-Kulissen spielt Triest plötzlich Venedig: „Canal Grande" steht auf einem Schild an einem Graben mit dümpelnden Motorbooten, der allenfalls „Canal piccolöchen" heißen sollte. Gleich daneben auf einer Wandtafel wird nun aber endlich klar, warum diese Stadt so österreichisch aussieht. Sie gehörte mehr als 500 Jahre zum Habsburger Reich und wurde von Kaiserin Maria Theresias Architekten zu Österreichs einzigem Seehafen ausgebaut. Dazu ließ sie Salinen trockenlegen, und weil rund um Triest nur Kalkgebirge aufragt, musste kutschenkonvoiweise österreichische Erde rangeschafft werden, sozusagen als Fundament für den neuen, schachbrettartig angelegten Stadtteil „Borgo Teresiano". In diesen hinein sollten Kanäle zum Entladen der Handelsschiffe direkt an den Lagerhäusern führen. Gleich der erste wurde vielversprechend „Grande" getauft, für weitere fehlte dann das große Geld. So bietet dieser Canale eine einmalige Perspektive mit der Kirche San Antonio Nuovo und ihrem Säulenportal.

Triests Canale Grande – eher ein Canal piccolöchen

Rechts daneben, im „Caffè Stella Polare", schmeckt der „Caffè Gocciato O Goccia", ein Espresso mit kleinem Milchtupfer statt dicker Cappuccino-Schaumwolke drauf. James Joyce schrieb hier ab etwa 1906 Teile seines Großromans „Ulysses", und einige Literaturkenner behaupten, dieser spiele gar nicht in Dublin, sondern in der Adria-Stadt. Joyce kam häufig ins „Stella Polare" und steht heute als Bronzestatue an einer Canal-Grande-Brücke, traurig auf eines seiner ersten Triester Wohnhäuser blickend – vielleicht weil der Trunkenbold hier damals als ärmlicher Berlitz-Englischlehrer wegen Mietschulden rasch rausflog.

Caffè Stella Polare

Info

Lage: Triest liegt am äußersten östlichen Rand Norditaliens, ist Grenzstadt zu Slowenien.

Anfahrt: Alitalia und Lufthansa fliegen von München, Frankfurt, Düsseldorf, Hamburg und Berlin nach Triest.

Öffnungszeiten: Die Cafés haben täglich zu den üblichen Geschäftszeiten geöffnet.

Eintritt: 5 Euro kostet die Broschüre, die Ermäßigungsgutscheine für bestimmte Kaffee-Spezialitäten enthält.

Websites:
- discover-trieste.it/de/15906/Die-Stadt-des-Kaffees
- caffetommaseo.it
- caffespecchi.it
- illy.com/de-de/company/unternehmen/universita-del-caffe

23. Tatort Triest: Durch die Adria-Stadt auf Krimi-Spuren

Von wegen Wien am Meer: Veit Heinichen zeichnet in seinen Krimis eine Stadt voll prächtiger Plätze und Paläste, großer Genüsse und Verbrechen. Eine Spurensicherung.

Der Täter kehrt meist zum Tatort zurück. Auch Veit Heinichen – auf die Molo Audace. Hier lässt der Autor in seinem Krimi „Keine Frage des Geschmacks“ den feisten TV-Mann Bierchen ein Segelboot besteigen, von dem er Minuten später auf See in den Tod stürzt. Die steinerne Mole, knapp 200 Meter in die Adria ragend, hat Schauplatz-Abo in Heinichens Büchern und bietet das beste Weitwinkel-Panorama der Stadt: links die Schmuddelecke, der seit Jahren verlassene, vor sich hin rostende alte Hafen, rechts die Schickeria-Bucht der Segeljachten. Mittig die Rive, ein Uferpromenaden-Boulevard gesäumt von einer protzigen Palais-Parade mit Fassadensteinen in Kleiderschrankgröße, neoklassizistischen Brüll-Löwen und baumdicken Säulen. Hinein in diese k.u.k-Krimi-Kulisse made by Maria Theresias Bautrupps!

Krimi-Autor Veit Heinischen sucht den Täter auf der Molo Audace.

„Ja, ja, Wien am Meer wird Triest oft genannt, weil's vor 1918 gut 500 Jahre österreichisch war", sagt Veit Heinichen und will dieses Bild sofort wieder löschen: „40 Jahre Frontstadt mit Zonenrandförderung am unteren Zipfel des eisernen Vorhangs, uralte slowenische Einflüsse, insgesamt 90 Volksgruppen in der Stadt, Serben, Griechen, Afrikaner – das prägt Triest heute", predigt er und steuert wie zum Beweis auf einen farbigen Straßenverkäufer zu. Kurzer Handschlag im Vorbeigehen, dann die Erklärung: „Er ist mein Vorbild für Alberto, der im Krimi eine Journalistin aus Todesgefahr rettet." Nicht die letzte „Ciao, Veit"-Begegnung eines Triest-Bummels mit Heinichen. Der gebürtige Badener ist nach zwei Jahrzehnten in seiner norditalienischen Wahlheimat ein bekanntes Gesicht.

In der Gran Malabar hat Wirt Walter ...

... immer einen guten Kaffee parat.

Vor allem in der „Gran Malabar", einer Art Stehcafé-Vinothek. Hier nippt nicht nur Veit Heinichen oft an guten Tropfen oder pechschwarzem Espresso, sondern auch sein Commissario Proteo Laurenti – meist in zerknirscht-zerknautschtem Columbo-Zustand, wenn ihm gerade weder die Verführung der Staatsanwältin noch die Verhaftung eines Staatsfeindes gelingen will, aber daheim der Haussegen schief hängt. Laurentis Beichtvater heißt dann Walter – eine der wenigen real existierenden Figuren in Heinichens Krimis: Der hagere Wirt zaubert eines seiner typischen Malabar-Gedecke auf die halbrunde Marmortheke: „Vitovska", den typischen Weißen aus den Weinbergen des Karstgebirges über der Stadt, milden Parmigiano-Käse sowie deftigen Schinken mit Brot. Und für den Krimi-Autoren noch die persönliche Beilage – Fanpost, verschickt mal wieder an „Heinichen/Malabar". Walter stürzt kurz zur Tür, verscheucht einen der in Triest allgegenwärtigen Tauben-Sturzflug-Schwärme vom Bistrotisch.

„Manchmal füttert er sie auch“, raunt Veit Heinichen, „mit wodkagetränktem Brot, danach stürzen sie bald ab.“ Der letzte Halbsatz geht unter in seinem scheppernden, schadenfrohen Gelächter, das nicht recht passen mag zu diesem eher stillen, graumelierten Randlosbrillenträger.

Sein Schalk kommt vollends durch beim Literatentreffen mit berühmten, in Bronze gegossenen Kollegen auf Triests Straßen: James Joyce, der Teile seines „Ulysses“ hier schrieb, bekommt Heinichens Sonnenbrille auf die Nase und dem italienischen Großdichter Umberto Saba steckt er stets eine brennende Zigarette in den Mund – „weil sie dem armen Kerl immer seine Bronzepfeife klauen.“ Die nun ungläubig staunenden Passanten beobachtet Heinichen hinter der nächsten Ecke wie ein Lausbub nach dem Klingelstreich. „Nach Jahrzehnten des Siechtums mit verwitterten Fassaden und Leerstand beginnt der Puls dieses Altstadtviertels wieder zu schlagen, in den Cafés und Bars rund um die Piazza di Cavana“, erklärt Veit Heinichen beim Durchschlendern.

Veit Heinichen spendiert Italiens Dichterfürst Umberto Saba schon mal eine Zigarette.

Zwischen engen Gassen und Hinterhöfen mit Wäsche auf der Leine drängt sich die Frage auf, was diese 208.000-Einwohner-Stadt nun ist: Wieder majestätische Metropole? Oder doch noch immer toter Winkel Italiens, dem seine Werften abhanden kamen, dessen Tageszeitung „Il Piccolo“ heißt und das einen grabenartigen Motorboot-Parkplatz großspurig „Canal Grande“ nennt? Hier, zwischen plüschiger Kaffeehausgemütlichkeit und gelegentlichem Vespa-Geknatter sollen internationale Waffenschiebereien und Organschmuggel, Müll-Mafia und Menschenhandel florieren, um die sich jeder Heinichen-Krimi dreht? „Ja, Triest ist heute die Stadt im Herzen Europas und Schauplatz solcher Verbrechen“, sagt der Autor, „meine Geschichten beruhen auf Tatsachen, ich habe gute Kontaktleute bei Polizei und Staatsanwaltschaft.“ „Hier in Triest?“, bohre ich nach. Heinichen kneift die Augen zusammen und wird einsilbig: „Nein, zu gefährlich für die Informanten.“

Ein Schulterklopfer bei James Joyce gehört für Heinichen zum Stadtrundgang.

Extrem vorsichtig ist er auch beim Beschreiben von Schauplätzen: Oberschurke „Lele" wohnt im 14. Stock eines Hauses, das in Wirklichkeit nur 13 hat. „Damit kein echter Bewohner mich dafür verklagt, dass ich ihn angeblich in den Krimi reingeschrieben habe." Neben „Leles" Hauptquartier beginnt Triests Straßenbahn-Abenteuer: Die blaue 109 Jahre alte Tram mit Holzbänken quietscht und rumpelt die kurvige, steile Strecke hoch nach Opicina zu Triests bester Vogelperspektive. Die Rückfahrt ins Tal ist wieder eine Rückkehr zum Tatort. Aber dafür muss man das packende Finale von Veit Heinichens „Totentanz" gelesen haben.

Info

Lage: Triest liegt am äußersten östlichen Rand Norditaliens, ist Grenzstadt zu Slowenien.

Anfahrt: Alitalia und Lufthansa fliegen von München, Frankfurt, Düsseldorf, Hamburg und Berlin nach Triest.

Öffnungszeiten: keine

Eintritt: Das Hotel Duchi d' Aosta, Triests Nr. 1 an der Piazza dell'Unità, bietet Wochenend-Specials auf den Spuren der Heinichen-Krimis inkl. Abendessen u. a. in „Harry's Bistro" und handsigniertem Buch. Piazza dell' Unità d'Italia 2/I, Tel.: +39 040 7600011, info@duchi.eu, DZ ab 225 Euro p. P.

Website: duchi.eu/de/packages/krimi-paket-das-scherbengericht

24. Pixel-Puzzle im Steinchenbruch: Die Mosaikschule in Spilimbergo

Italiens Mosaike kann man in Kirchen und Palästen bestaunen. Oder lernen, sie selbst zu legen – in Ferienkursen einer Top-Mosaikschule bei Udine etwa.

„Wahnsinn! Magnifique! Amazing!" So klingt der internationale Chor der Mosaik-Bewunderer. Touristen sind es zumeist, staunend entlang schlendernd an fußballplatzgroßen Gemälden, bestehend aus Millionen von Steinchen, jedes kleiner als eine Kopfschmerztablette. Ein besonders schönes liegt 130 Kilometer nordöstlich von Venedig, in Aquileia. Die heutige Kleinstadt war im Römischen Reich eine große Nummer: Handelsmetropole, Standort für Werften, Glas- und Amphoren-Manufakturen. Julius Caesar und Kaiser Augustus besuchten die Stadt, mussten jedoch auf deren heutige Attraktion verzichten: das bedeutendste, frühchristliche Mosaik aus dem 4. Jahrhundert nach Christus. Es bedeckt den gesamten Fußboden der Basilika Santa Maria Assunta – 65 Meter lang, 30 breit. Sobald die Besucher ihr erstes Erstaunen überwunden haben, raunen viele dieselbe Frage ins Kirchenschiff: „Wie haben die das bloß hingekriegt, vor 1700 Jahren?"

XXL-Mosaik der Basilika Santa Maria Assunta in Aquileia

Treppenstufen und ...

... Wände – alles aus Mosaik in Spilimbergo

Antworten darauf gibt's gut 60 Kilometer entfernt an der „Scuola Mosaicisti del Friuli", einer der führenden Schulen für Mosaik-Künstler in Spilimbergo bei Udine. Ihre Azubis sind schon während der vierjährigen Ausbildung so begehrt, dass sie vorm Examen bereits große Skulpturen und Fußböden gestalten – für Auftraggeber vom Ground Zero bis zur Grazer Volksbank. Der Clou für Touristen in der „Scuola": ihre Schnupperkurse für „Hobbisti" – Möchtegern-Mosaikkünstler also. Wer das Schulgebäude betritt, fühlt sich entweder in eigene, längst vergangene Pennäler-Zeiten oder in Heinz Rühmanns Feuerzangenbowlen-Film versetzt: lange, hohe Flure, schwere Eichentüren vor den Klassenräumen. Nur der Bohnerwachsgeruch fehlt. Denn auf den Böden liegt kein welliges, graues Linoleum, sondern überall feinstes Mosaik. Im ersten Stock etwa die vier Jahreszeiten in venezianischem Stil, mit einem farbenfroh explodierenden Sommer an der Treppe.

Gleich neben dem Schultor die Kopie eines berühmten Mosaiks aus Aquilea: Hahn und Schildkröte. „Mit solchen eher einfachen Bildern geht's los in den Kursen", erklärt Carola Rodolfi-Kuball. Die gebürtige Münchnerin kam nach einer Schnupperphase nicht mehr los von der Steinkunst und zeigt, wie man den „Martellina" richtig in der Hand hält. Dieser Hammer mit leicht gebogenen, meißelartig zugespitzten Enden ist sozusagen das Hackebeilchen, um Steinstreifen zu zerteilen – in Stücke im Tablettenformat. Eine Handvoll solcher Streifen, meist aus Stein, aber auch aus gefärbtem Smalti-Glas, liegt schon auf dem „Ceppo", der für Mosaik-Künstler typischen Arbeitsfläche, einem tischhohen Holzbock. In seiner

Mitte ragt ein Metall-Keil (Tagliolo) etwa fünf Zentimeter hoch. „Einfach so einen Streifen drauflegen und mit dem Martellina zuschlagen", sagt Carola. Rumms! Fast jeder Anfänger lässt den Hammer beim ersten Mal mit zu viel Wucht niedersausen, merkt aber sofort, hier kommt's aufs Gefühl an. Marmor, Stein und Smalti bricht auch nach sachtem Schlag, dann aber meist mit geraden Kanten. Die sind sehr wichtig, denn nur so lassen sich die Steinchen im Mosaik eng aneinander legen.

Erst Pixel-Puzzle ...

... dann kommt alles untern Hammer.

Doch vorher müssen die „Hobbisti" so eine Art „Malen-nach-Zahlen-Phase" durchstehen: das antike Bild oder eine andere Mosaik-Vorlage Linie für Linie mit Bleistift auf Butterbrotpapier durchpausen und dann auf eine elastische Kalkmasse übertragen. Nun beginnt die eigentliche Fummel-Arbeit: Tagelang hocken die Kursteilnehmer inmitten ihres Steinchenbruchs und drücken Marmor-, Glas- und vereinzelt auch Goldstückchen ins Knetgummi. Wie akribische Kunstfälscher schaffen sie in Zeitlupe ein Pixel-Puzzle. Wer dabei redet, tut's meist in Geheimsprache: Ob noch C24 oder S6 da ist, möchte Dario wissen. Übersetzt: Er sucht Steinchen in creme-weiß und aubergine.

Manche Mosaik-Praktikanten kommen als ausgewiesene Streber nach Spilimbergo und zählen schon bei der Kursanmeldung vor, dass sie bitte 20 von den roten Steinen, 37 von den grünen und 43 von den blauen bräuchten. Nach dem Kurs wissen die Schüler, wie antike Mosaike aufgebaut sind, können Perspektiven legen und sehen, wo der goldene Schnitt im Bild ist.

Natürlich scheitern manche der Teilnehmer auch – meistens Menschen, die es nicht gewohnt sind, mit den Händen zu arbeiten. Und solche, die im Kurs merken, dass sie eine Sehschwäche haben, bei der Auswahl der farbigen Steine ständig daneben greifen und deshalb am Mosaik verzweifeln.

Schülerpult in der Mosaikschule Spilimbergo

Info

Lage: Spilimbergo liegt eine gute Autostunde nordöstlich von Venedig.

Anfahrt: Mit dem Flugzeug z. B. von Frankfurt, München oder Berlin zum Flughafen Triest, von dort per Auto über die E70 und E55 nach Spilimbergo.

Öffnungszeiten: Montag bis Freitag 8 bis 12 und 13 bis 16 Uhr

Eintritt: 280 Euro (28-Std-Kurs Freitag bis Montag) bis 460 Euro (46-Std-Kurs Montag bis Sonntag)

Website: scuolamosaicistifriuli.it/corsi-brevi

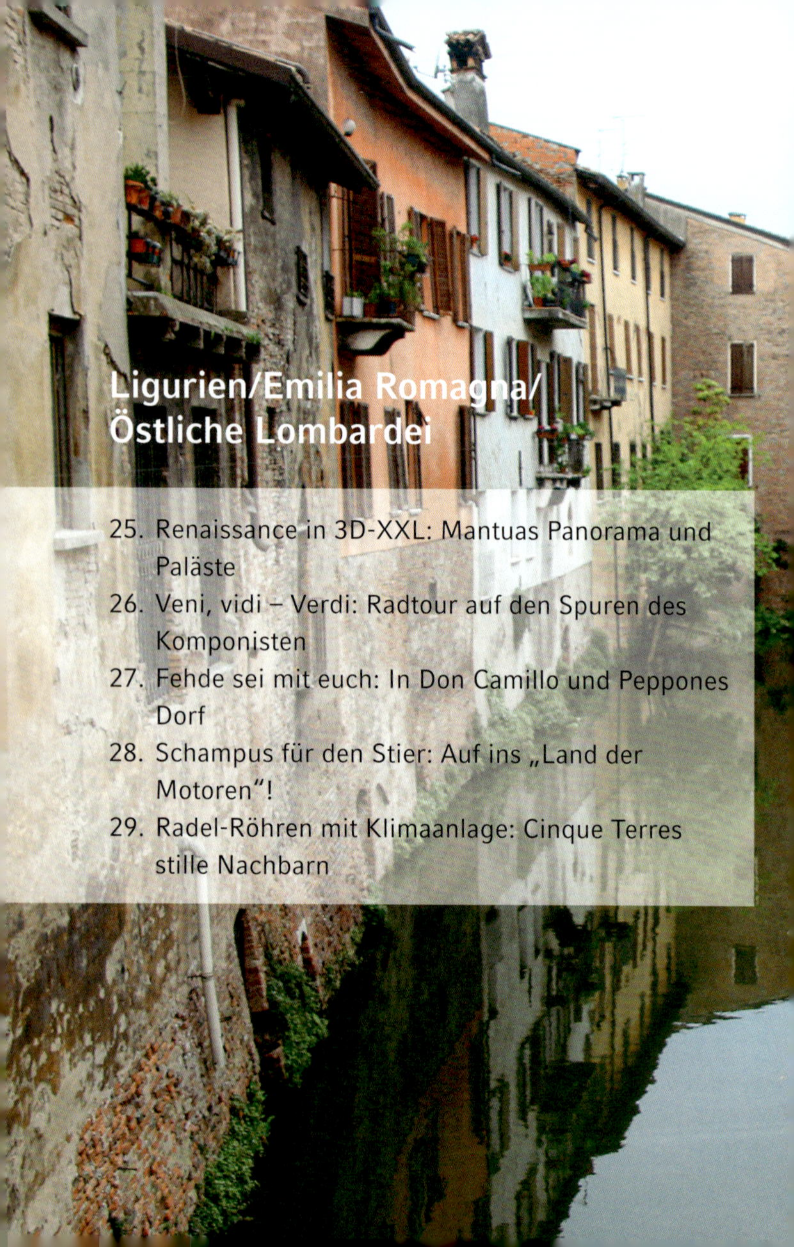

Ligurien/Emilia Romagna/ Östliche Lombardei

25. Renaissance in 3D-XXL: Mantuas Panorama und Paläste
26. Veni, vidi – Verdi: Radtour auf den Spuren des Komponisten
27. Fehde sei mit euch: In Don Camillo und Peppones Dorf
28. Schampus für den Stier: Auf ins „Land der Motoren“!
29. Radel-Röhren mit Klimaanlage: Cinque Terres stille Nachbarn

Mantuas verwitterte Fassaden am Canale

SCHWEIZ
Bruneck
Bozen
ITALIEN
Trient
A22
Bergamo
A4
Mailand
Verona
Padua
25. Mantua
A21
27. Brescello
26. Parma
A1
Modena
Adria
Bologna
29. Levanto
A12
Massa
28. Emilia Romagna
Mittelmeer
San Marino
Pisa
Florenz
Tyrrhenisches Meer
SS3BIS

25. Renaissance in 3D-XXL: Mantuas Panorama und Paläste

Mantuas Fürsten gönnten sich einst überwältigende, raumfüllende 3D-Gemälde, eine Riesenkathedrale und zwei Paläste – bis heute das XXL-Panorama der Kleinstadt. Sie überrascht mit grüner Halbinsel-Lage, Monumental-Kunstschätzen und sehr individuellen Geschäften.

Hm, auf den ersten Blick irgendwie mittelmäßig, dieses Mantua: Die Arkadengassen? Sind in Bozen und Meran stilvoller inszeniert. Knatternde Vespas in der Fußgängerzone? Kann Florenz dramatischer. Die Piazza Delle Erbe? Ganz nett, der Platz, aber kein Vergleich mit Lucca oder Siena: Wie verzogene Pulte und Kommoden im Möbellager lehnen die Häuser um Mantuas Vorzeige-Karree herum, Mittelalter-Fassaden bröckeln vielerorts, gezeichnet von oft schwülem Klima und Renovierungsstau. Wer die Reize dieser 50.000-Einwohner-Stadt spüren will, muss immer wieder auf Distanz gehen. Mal nur ein, zwei Schritte zurück, mal ganz aus Mantua raus – auf den Lago Superiore etwa. Denn das beste Stadtpanorama bietet eine Bootstour auf diesem vogelreichen See, dessen Schilfinseln von Juni bis September mit Lotusblüten rosa getupft sind. Erst hier – mit ausreichendem

Mantuas Silhouette erhebt sich auf einer Landzunge.

Abstand – ist die außergewöhnliche Lage der Stadt zu erfassen: Man nehme den Fluss Mincio, staue ihn rund um Mantua zu vier Seen auf – schon thront die Stadt auf einer Landzunge. So geschehen im 12. Jahrhundert. War prima zu verteidigen und ist ein Blickfang – bis heute. Nur drei Straßen führen hinüber – wie Stege, hinter denen sich die Stadtsilhouette erhebt, mit Kuppeln, Türmen und Zinnen, die im Abendlicht matt vergoldet schimmern.

Dieses Panorama ist das Werk nur einer Familie: Florenz hatte die Medici, Mantua seine Gonzagas. Von 1328 bis 1707 herrschte dieser Fürstenclan, ließ nicht nur monumental bauen, sondern darin Maler wie Rubens und Musiker wie Monteverdi die pralle Lebenslust der Renaissance inszenieren. Der Palazzo Ducale mit gut 450 teils turnhallengroßen Wohnräumen ist eine Stadt in der Stadt. Mit domartiger Basilika, in der Claudio Monteverdi im Auftrag des Fürsten komponierte – unter anderem „L'Orfeo", die erste, vollständig erhaltene Oper der Welt. Riesige Innenhöfe und Lustgärten hat der Palazzo Ducale und die Mini-Burg Castello di San Giorgio mit dem berühmtesten Fresco: das Hochzeitszimmer von Andrea Mantegna. Die Decke, eine täuschend echt gen blauem Himmel geöffnete Kuppel, zieht den Blick an wie im Sog, hin zu Putten auf kaum fußbreitem Sims und von oben in den Raum schauenden Gesichtern. Wieder heißt es: zurücktreten, diesmal um zu erfassen, wer in diesem Gemälde den Betrachter von wo mustert. Die Wände zeigen höfisches Leben der Gonzagas, teils vor hügeliger, antik dekorierter Landschaft, teils unterm

Der Palazzo Ducale – Mantuas imposantestes Bauwerk

Deckengemälde im Zimmer der Giganten

verzuckerten Palastgewölbe. Selten zuvor wurden Beziehungen einer Fürstenfamilie und ihres Hofstaats in Gesichtszügen, Blicken und Gesten mit so feinem Strich eingefroren.

Zweitwohnsitze waren schon damals schwer im Trend, jedenfalls bei Fürstens und so auch den Gonzagas. Höchste Zeit also für ein Lustschloss, befand Markgraf Frederico II und ließ sich 1524 den Palazzo Te an den Südrand der Stadthalbinsel bauen, einen rechteckigen Palast mit überladenen, wuchtige Fassaden und angeflanschtem, stadiongroßem Innengarten, gerahmt mit Säulen und Bögen, verziert durch Grotten und Bassins. Wände und Decken des Palazzo Te sind monumentale Plakatflächen für antike Helden, lebensgroße Pferde schauen, täuschend echt – wie in 3D, von Türrahmen herunter, und das Zimmer der Titanen zeigt den apokalyptischen Untergang dieser antiken Putschisten, ein von der Decke förmlich herabstürzendes Horrorgemälde. Hier sucht man nicht gemessenen Schrittes Abstand, man schreckt zurück, sucht im

Außen klein, innen riesig – die Basilika Sant'Andrea

ersten Moment Deckung, bevor der Blick sich staunend hineintastet ins Untergangs-Szenario. Geradezu entfesselt sind all diese Renaissance-Gemälde, deutlich zu spüren die Freiheit der Künstler nach jahrhundertelang einengenden und nun abgeschüttelten Kirchendogmen, die vorgaben, was gemalt werden sollte und wie.

Und dann soll da ja – im Zentrum Mantuas – noch eine ebenfalls riesige Basilika sein. Am besten mal ein paar Schritte zurücktreten, klappt ja meistens. So auch diesmal. Erst jetzt ist das Triumphbogen-Portal der Basilika Sant'Andrea auszumachen – eingeklemmt zwischen einem Kiosk und einer Altstadtfassade. Drinnen dominieren – für die Renaissance ebenfalls typisch – Weite und Licht in der gewaltigen Hallenkirche, dem letzten Meisterwerk Leon Battista Albertis, einem der wichtigsten Baumeister dieser Epoche, der die Basilika nach klassischem Vorbild mit gewaltigem, durch Kassetten verziertem Tonnengewölbe über dem Mittelschiff und auch über den Seitenkapellen plante.

Und wo inmitten dieser monumentalen Vergangenheits-Kulisse spielt nun Mantuas Leben von heute? Gleich um die Ecke zum Beispiel, im Laden von Irma Guidorossi. Die Töpferin schlägt täglich mit leichter Hand die Brücke vom 16. Jahrhundert ins Hier und Jetzt, denn sie gestaltet originalgetreu Gonzaga-Geschirr nach – gerne auch vor einer Traube staunender Besucher, denen sie beim Formen eines neuen Tellers erklärt, warum sie

Bei Giovanni Bacchi gibt´s leckere Wurst zum Probieren.

Irma Guidorossi töpfert im Renaissance-Stil.

ihn an einer Seite ausbeult: „Damals aßen die Adligen ja vielfach noch nicht mit Besteck, sondern mit den Fingern, und schoben sich den Rest ihrer Mahlzeit über diesen, hochgestülpten Schlürfrand in den Mund." Nicht nötig in Giovanni Bacchis „Salumeria" in der Via Orefici 16: Seit seinem 13. Lebensjahr verkauft der kleine Mann hier Wurst und Käse – zunächst angelernt von seinem Vater, seit Jahrzehnten als Besitzer. Großzügig lässt er seine Kunden alles von Prosciutto bis Parmigiano probieren und sie nicht eher aus dem winzigen Laden, bis sie Mantuas Stadt-Spezialität genascht haben: „Mostarda Mantovana" – Früchte, eingelegt in würzigen Zucker-Senf-Sirup – schmeckt klasse zu Käse und Wurst.

Info

Lage: Mantua liegt eine Autostunde nordwestlich von Bologna.

Anfahrt: Lufthansa und Ryanair fliegen zum nächstgelegenen größeren Flughafen Bologna. Von dort ist Mantua per Mietwagen gut erreichbar über die SS9, A22 und SP413.

Öffnungszeiten und Eintritt:
- Bootstour auf dem Lago Superiore: z. B. Tour (etwa 1 Stunde) Juni bis August täglich 11 Uhr; 10 Euro
- Palazzo Ducale: Montag bis Samstag 8:15 bis 19:15 Uhr, Sonntag 8:15 bis 13:15 Uhr; 13 Euro
- Palazzo Te: Montag bis Sonntag 9 bis 19:30 Uhr, im Winter bis 18:30 Uhr. Dienstags ab 13 Uhr; 12 Euro
- Basilika Sant'Andrea: täglich 8 bis 12 und 15 bis 19 Uhr
- Irma Guidorossis Laden: Dienstag bis Samstag 9:30 bis 13 und 16 bis 20 Uhr

Websites:
- Bootstour auf dem Lago Superiore: motonaviandes.it
- Palazzo Ducale: ducalemantova.org
- Palazzo Te: palazzote.it
- Basilika Sant'Andrea: parrocchiasantanselmomantova.it
- Irma Guiderossis Laden: cortedeigonzaga.com

26. Veni, vidi – Verdi: Radtour auf den Spuren des Komponisten

Jährlich im Oktober feiert die Region um Parma den Geburtstag Giuseppe Verdis mit einem einmonatigen Festival. Beste Gelegenheit, tagsüber die Lebensstationen des Opern-Stars per Rad zu besuchen und abends seinen Arien zu lauschen.

Die Villa Verdi – Wohnhaus des Komponisten-Stars

Wie praktisch: Im Schlafgemach von Verdis Frau Giuseppina Strepponi hängt ein Glöckchen unter der Decke. Die daran befestigte, goldfarbene Kordel endet im Nebenzimmer am Bett des Komponisten. „Wenn er was Bestimmtes wollte, dann läutete er", erklärt die Dame an der Kasse. Nanu, der Maestro – ein triebgesteuerter Macho? Nein, nein, beschwichtigt sie. Und erzählt noch kurz, wie der Mann mit Schal und Hut hier gelebt hat, auf dem Landgut Sant'Agata außerhalb seiner Geburtsstadt

Ein wenig grimmig thront der Meister in Busseto.

Busseto: „Opernbauer" nennt er sich Mitte des 19. Jahrhunderts, züchtet Pferde auf dem Anwesen mit Riesenvilla, Weinkeller und Kutschengarage, pflanzt Wein und lässt Teiche in Form seiner Anfangsbuchstaben G und V anlegen, um die man noch heute herumspazieren kann. 200 Angestellte arbeiten damals für Verdi, allein 16 davon in diesem parkähnlichen, sieben Hektar großen Garten.

Genervt zog der Komponist sich 1851 hier auf den Landsitz zurück. Ausgebrannt, nachdem er Opernerfolge wie „Nabucco" und „Rigoletto" jahrelang wie am Fließband geschrieben hatte. Vor allem aber verärgert, weil seine Heimatstadt die zunächst wilde Ehe mit Sängerin Guiseppina nicht tolerierte. Sie wurde regelrecht geschnitten. Verdi aber zahlte es Busseto heim. Wo – das erfährt man nach einer Radel-Etappe auf gut ausgeschilderten Wegen und Straßen fast ohne Autos durch grüne Ausläufer der Po-Ebene zum Theater des 7000-Einwohner-Städtchens. Die Mini-Ausgabe der Mailänder Scala mit 400 Plätzen, knarrendem Holzboden und Pappmaché-Verzierungen an den Wänden bauten die Stadtväter zu Ehren Verdis und boten ihm auch eine Loge an. Der Komponist hat sie für 10.000 Lire gekauft, aber angeblich nie betreten. Vor der Eröffnung ließ Verdi mitteilen, er könne nicht kommen, sei noch zur Kur im nahen Tabiano. Dem Nachbarort Villanova stiftete er alsbald ein Krankenhaus – komplett ohne Fenster in Richtung Busseto. Wie es heißt, mit folgender Begründung: Die Patienten sollen nicht die kranken Menschen dieser Stadt sehen ...

Nachtragend aber sind sie nicht in Busseto. Denn heute, stets rechtzeitig zu Giuseppes Geburtsmonat Oktober, gilt hier: „Veni, vidi, Verdi“: Kommen, sehen und garantiert Verdi treffen. Beim haushohen Denkmal vorm Theater sowieso, an jedem Laternenmast auf Bannern, auf Plattenhüllen im Schaufenster des Bäckers oder historischen Plakaten. Nur wenige Geschäfte unter den gemütlichen Arkaden der Via Roma wagen es, hinter dem Türglas nicht den Maestro anzukündigen, sondern etwa einen Gymnastikkurs. Gegenüber lohnt ein Blick ins Hotel „I due Foscari“. Benannt nach einer Verdi-Oper, langjährig geleitet vom Tenor Carlo Bergonzi, wirkt es wie eine Theaterkulisse: in der Halle die mächtige Treppe mit rotem Läufer, plüschige Brokat-Vorhänge rahmen die Fenster, und beim Frühstück

Radeln auf den Spuren Verdis – gut ausgeschildert …

… durch die Po-Ebene

sitzt man auf Chaiselounge und Biedermeier-Stühlen unter schwerer Kassettendecke. Manchmal singen Kellner hier die Speisekarte vor – Gesangsschüler, die sich als Servicekräfte mit lautstarker Zusatzqualifikation ihr Taschengeld aufbessern. Wer das komplette Verdi-Programm will, radelt weiter ins nationale Verdi-Museum in der prächtigen Villa Pallavicino am Rande Bussetos, ebenfalls direkt am Verdi-Radweg gelegen: Es hat für jede der 27 Verdi-Opern einen eigenen Raum.

Die längste Etappe dieser Radtour führt zu Verdis Geburtshaus im nahen Weiler Roncole. Heute radelt man über frisch geteerte Wege, oft entlang an Entwässerungsgräben. Hier wäre Verdis Karriere fast zu Ende gewesen, noch ehe sie richtig begann: Zu Fuß war er von Busseto nach Roncole unterwegs, um dort im Gottesdienst Orgel zu spielen. Unterwegs geriet er in dichten Nebel, stürzte in einen dieser Gräben und wäre wohl ertrunken, hätte ihn nicht eine alte Dame herausgezogen. Heute ist Verdi ein Nationalheiliger und die kleine Orgel in der Kirche von Roncole ein Nationaldenkmal. So steht's auf der Plakette links daneben. 50 Meter weiter das Geburtshaus, im Jahr 1813 eine Poststation, gepachtet von Giuseppes Eltern, die hier als Wirtsleute arbeiteten. Nachbildungen der damaligen Einrichtung lassen ahnen, in welch kargen Verhältnissen der Komponist aufwuchs.

Verdis Geburtshaus – mit einer weiteren Büste

Erhalten geblieben ist das windschiefe Haus nur, weil die Gemeinde Roncole es Verdi später partout nicht verkaufen wollte. Der Grund: Der grimmige Komponist hatte vorschnell angekündigt, es anschließend sofort abreißen zu lassen, weil er genau das nicht wollte, was diese Radtour so anschaulich bietet: Pilgerfahrten zu den Stätten seines Lebens. Eine berechtigte Befürchtung schon Mitte des 19. Jahrhunderts. Seit seinem Erfolg mit „Nabucco" 1842 ist Verdi ein Star in Italien: Die Leute schwärmen für Hüte und Schals à la Verdi, in den Salons der feinen Gesellschaft redet man über diesen neuen Komponisten, seine riesigen Chöre, die enorm hohen Frauenstimmen und die noch höheren Honorare: Für „Aida" verlangt er 1871umgerechnet angeblich 750.000 Euro vom ägyptischen Vizekönig für die von ihm bestellte Monumental-Oper. Ismael Pascha zahlte, und Verdi verdient die Summe anschließend binnen vier Monaten.

Info

Lage: Busseto, Roncole und Sant'Agata liegen gut 40 Kilometer nordwestlich von Parma.

Anfahrt: Von vielen deutschen Flughäfen nach Bologna, von dort per Mietwagen nach Parma und Umgebung über die E45, E35 und SP12.

Öffnungszeiten und Eintritt:

- Villa Verdi: Anfang März bis Anfang November dienstags bis sonntags 9:30 bis 11:45 Uhr und 14:30 bis 17:45 Uhr, November bis Februar am Wochenende und an Feiertagen 9:30 bis 11:45 Uhr und 14 bis 16:45 Uhr; 9 Euro
- Verdi-Museum: Anfang April bis Ende Oktober Dienstag bis Sonntag 10 bis 18:30 Uhr, Anfang November bis Ende März Samstag und Sonntag bis 10 bis 17:30 Uhr, Januar und Februar nur samstags und sonntags; 9 Euro
- Fahrrad-Leihgebühr 14 Euro

Websites:

- Verdi-Tour: parmaincomingtravel.com/opera-music-tours/verdi-homelands-tour.aspx
- Fahrrad-Verleih in Busseto: turismo.comune.parma.it/en/thematic-channels/travel/getting-around/rentals/rental-bikes-in-busseto?set_language=en
- Verdi-Museum: museogiuseppeverdi.it
- Villa-Verdi: villaverdi.org
- Opern-Events: parmaincomingtravel.com/events-parma/festival-verdi-2019.aspx

27. Fehde sei mit euch: In Don Camillo und Peppones Dorf

Die Filme rund um den listigen Pfarrer und seinen Gegenspieler, den zänkischen kommunistischen Bürgermeister, wurden in Brescello gedreht. Das norditalienische Dorf ist eine sehenswerte Kulisse geblieben, in der die beiden Schlitzohren heute oft überraschend wieder aufkreuzen.

Moment mal, das ist doch ...? Knöchellanges, schwarzes Gewand, schwarzes Käppi auf dem Kopf und gefaltete Hände. Weihevoll schreitet dieser Mann mit verschmitztem Lächeln unter den Arkaden entlang und bleibt dann mitten auf der Piazza Matteotti stehen, dem Marktplatz von Brescello. Ist dieser Mann Don Camillo? Nein, wie sollte er? Zwar wurden genau hier sechs Filme der „Don Camillo und Peppone"-Reihe rund um einen kommunistischen Bürgermeister und seinen Widersacher, den schlitzohrigen Gottesmann, gedreht, aber das war in den 1950er-Jahren. Vielleicht ist der Herr in Schwarz Brescellos heutiger Pfarrer, äußerlich seinem Film-Vorbild nacheifernd? Immerhin, jetzt er steuert auf die wuchtige, strahlend weiße Kirche Santa Maria Nascente zu, in den Kino-Komödien stets ein Hauptschauplatz.

Don Camillo und Peppone im Film

Ebenso wie das Rathaus. Nur weil dieses Municipio – anders als in vielen italienischen Dörfern – nicht der Kirche gegenüber, sondern im rechten Winkel zu ihr liegt, wurde Brescello überhaupt Kulisse für den fiktiven Filmort Bosaccio. Denn in dieser Anordnung konnte der Regisseur die Kamera hin- und herschwenken lassen zwischen den Gebäuden der Dauerstreithähne. Die beiden stehen noch heute davor – als Bronzestatuen, so als habe man einen ihrer Filme angehalten. Vorm Rathaus Giuseppe Bottazi, genannt Peppone. Meist begriffsstutzig, aber immer aufbrausend, außen strammer Stalinist, innen jedoch eine Seele von Mensch. Mit dem Parteiblatt „Unità" in der Tasche, den Hut in der Hand grüßt er schräg über den Platz in Richtung Kirche zum bronzenen Don Camillo. Der hat Glupschaugen à la Horst Tappert und ein Pferdegebiss wie sein Filmvorbild, der französische Komiker Fernandel.

Don Camillo und ...

Zehntausende Besucher kommen pro Jahr nach Brescello – nur wegen Don Camillo und Peppone. Sie sind die einzige Attraktion des schmucken 5000-Seelen-Dorfs zwischen Po und Parma – und zwar an jeder Ecke: Natürlich gibt's Sandwich und Gnocchi, benannt nach den Filmhelden ebenso wie Steine, Frühstücksbretter, Kalender und Teller mit ihren Konterfeis in Souvenirläden. Im Fotogeschäft posiert gerade ein Besucher vor einer Kamera und lässt sein Bild anschließend in eine Filmsequenz mit Don Camillo und Peppone montieren. Keine Frage – so wie Salzburgs Getreidegasse sich mit Mozart die Kugel gibt, so machen sie es auch hier.

... Peppone auf der Piazza

Zurück zur Piazza. Mal nachsehen, ob der geheimnisvolle Mann noch da ist. Eine Touristin nimmt gerade ihren ganzen Mut und alle Italienisch-Brocken zusammen: „Buon giorno, Signore, lei è Don Camillo?" „Si si", antwortet er und stellt sich in einem Gemisch aus Italienisch, Englisch und Gebärdensprache als offizieller Camillo-Darsteller des Ortes vor – seit Jahrzehnten im Dienst. Buchbar über das Rathausbüro, also

Don Camillo & Peppone-Darsteller

genaugenommen bei seinem Dauer-Widersacher, sagt er mit gespielter Verärgerung und weist darauf hin, dass Peppone gleich ebenfalls erscheinen wird, bestellt – so wie er auch – von einer Nürnberger Reisegruppe. Bis deren Bus um die Ecke rollt, muss die Don-Camillo-Kopie reichlich übers Original plaudern. Ja, die Dreharbeiten Anfang der fünfziger Jahre: der Ort im Belagerungszustand, mit hunderten Komparsen. Nicht nur wegen der Massenszenen, etwa einer von Peppone angezettelten Demonstration. Nein, vor allem wegen der Salami, Brote und Äpfel. Diese Essensration holten sich viele der Bewohner ab, erschienen aber nie beim Dreh …

Pfiffig sind sie hier, die Leute in der „Mondo piccolo", der „kleinen Welt", die der Autor von „Don Camillo und Peppone" in seinen Büchern beschrieb. „Dieser Giovanni Guareschi, ein Satiriker aus der Gegend, sah Gino Cervi, dem Peppone-Darsteller, zum Verwechseln ähnlich", erzählt das Don-Camillo-Double und grinst: „Mehrfach vertrat Guareschi den erkrankten Hauptdarsteller vor der Kamera, stellte sich aber einmal so tollpatschig an, dass er bei einer zu drehenden Rauferei einen Schauspieler krankenhausreif schlug." Unvergessen auch, dass sowohl die kommunistische Partei Italiens als auch die katholische Kirche versuchten, den ersten Film zu verhindern. Beide hatten gleichermaßen Angst vor Verunglimpfung, und der Vatikan schickte sogar einen „Berater". Der sorgte dafür, dass die italienische Fassung des Films deutlich entschärfter ist als die französische. In diesem Moment unterbricht das Don-Camillo-Double seinen Anekdotenreigen. „Ah, Communista!", ruft er über die Piazza. Die Begrüßung für seinen Widerpart, den Peppone-Darsteller. Perfekt gestylt mit

Die Piazza Matteotti war Film-Drehort.

Schnäuzer, grimmigem Blick und rotem Halstuch sowie angriffslustig hinter seine Hosenträger geklemmten Daumen stürmt er heran, Sekunden vor dem Nürnberger Reisebus.

Wegweiser auf dem Don Camillo & Peppone-Rundgang

Nach einem witzigen Begrüßungs-Scharmützel ziehen die beiden mit ihren Gästen zunächst über den Camillo & Peppone-Rundweg zu diversen Filmschauplätzen und dann ins nahe Film-Museum. Eine private Ausstellung, mit viel Liebe zum Detail: Der US-Panzer, mit dem die beiden in „Genosse Don Camillo" eine Friedenstaube vom Dach schießen, steht vor der Tür, die Räder, mit denen sie sich am Ende von „Die große Schlacht des Don Camillo" ein absurdes Rennen liefern, oben inmitten zahlreicher Stellwände mit Szenenfotos und Zeitungsausschnitten. Besonders schön: Peppones Arbeitszimmer mit Stalin und Lenin an der Wand, aber – ziemlich versteckt – hat der große Kommunist auch ein kleines Marienbildchen im Blick – am Küchenschrank.

Info

Lage: Brescello liegt gut 20 Kilometer nordöstlich von Parma.

Anfahrt: Von vielen deutschen Flughäfen nach Bologna, von dort per Mietwagen gen Parma und Umgebung über die E45, E35. Nach Brescello auf die SP62R abbiegen. Auf die Spur von Don Camillo und Peppone kann man sich in Brescello bequem auf eigene Faust begeben – Schilder weisen den Weg zu allen Sehenswürdigkeiten und Drehorten, auch im Nachbarort Boretto.

Öffnungszeiten: Das Museum in Brescello hat dienstags bis freitags von 9:30 bis 12:30 und von 14:30 bis 17.30 Uhr geöffnet, samstags und sonntags bis 18:30 Uhr. Die beiden Darsteller (Don Camillo alias Abdon Boni, von Beruf Restaurateur, und Peppone alias Giulio Bersellini, Weinhändler) kann man über den Fremdenverkehrsverein buchen: Tel.: +39 0522 482523.

Eintritt: Museum 5 Euro

Websites:
- visitbrescello.it/de/museum-peppone-und-don-camillo
- mondoguareschi.com

28. Schampus für den Stier: Auf ins „Land der Motoren"!

Die norditalienische Region zwischen Bologna und Modena feiert seine Kult-Sportwagen-Marken wie Lamborghini, Maserati & Co. mit Chrom-Pilgerstätten und Autoparaden.

Karosserien so flach wie eine Flunder, gen Himmel ragende Flügeltüren, Frontspoiler wie gefräßige Raubtierschnauzen mit funkelnden, zackigen Scheinwerfer-Augen in der Motorhaube. Schnittige Sportwagen mit diesem Aggro-Look namens „Aventador", „Gallardo" oder „Diablo" machen Bolognas Piazza Maggiore schon mal zum vermutlich teuersten Parkplatz der Welt – wenn Lamborghini-Besitzer hier ihre blitzblank polierten Modelle der Kultmarke ausstellen und sich gebührend bestaunen lassen. Tags drauf röhren die bis zu 700 PS starken Motoren auf, bevor die für Lamborghini typischen quietschgelben, aber auch silbernen, roten oder weißen Straßen-Geschosse im Korso nach Sant'Agata Bolognese rollen. Dorthin, wo vor 50 Jahren alles begann – angeblich mit einem nörgelnden Trecker-Schrauber und einem arroganten Edel-Sportwagen-Produzenten.

Im Land der Motoren wird auch ein Kirchenvorplatz zum Showroom.

Der Landmaschinenhersteller Ferruccio Lamborghini war nämlich Anfang der sechziger Jahre so gut im Geschäft, dass er sich einen Ferrari kaufte. Offenbar ein Montagsauto, denn kurz darauf beklagte sich Lamborghini bei Enzo Ferrari persönlich über allerlei Macken seines neuen Sportwagens. Der Patriarch der roten Renner soll den Boss der Ackerfurchen-Kriechgefährte mit wegwerfender Handbewegung und der Bemerkung fortgeschickt haben, Lamborghini verstehe eben nur was von Traktoren, nicht aber von Sportwagen. Eine Watschn mit weitreichenden Folgen: Ferruccio Lamborghini ließ umgehend die damals modernste Autofabrik der Welt bauen, warb Ferraris Chefkonstrukteure ab, darunter den Motoren-Guru Giotto Bizzarini. Gemeinsam mit zwei Top-Designern konstruierten sie binnen eines Jahres den ersten Lamborghini mit der Typbezeichnung 350 GTV, der mit kühneren Formen und einem stärkeren Motor Ferraris Top-Modell „Superamerica" die Auspuffrohre und Rücklichter zeigen sollte. Das klappte zunächst nur bedingt, denn Konstrukteure und Designer hatten sich wohl nicht ausreichend abgesprochen, sodass der Motor nicht unter die 350-GTV-Haube passte. Stolz präsentiert wurde der GTV dennoch auf dem Turiner Autosalon – mit dem Firmen-Signet, einem angriffslustigen Stier auf der Haube, und Backsteinen statt einer Maschine darunter. Der Rest ist Geschichte, zu besichtigen im Museum von Lamborghini in Sant'Agata Bolognese.

Sportwagen mehrstöckig – im Lamborghini-Museum

Matteo Panini hat …

Nur eines von gut 20 Automuseen und für Besucher geöffneten Privatsammlungen italienischer Luxuskarossen- und Motorradmarken an vielen Standorten in der Emilia Romagna, die sich daher auch stolz „Land der Motoren" nennt. Die exklusivste Sammlung von Maserati-Rennwagen der Fünfziger, schnittigen Sportcoupes der Sechziger und kühnen Karossen der Siebziger ist an einem ungewöhnlichen Ort zu sehen – in der Halle des Landguts „Hombre", etwa 15 Autominuten außerhalb von Modena. Mit dem Geruch von Kuhmist in der Nase und vielstimmigem „Muh" in den Ohren schreiten Besucher andächtig die gut 30 blank polierten und chromglänzenden Sportwagen ab wie selten ausgestellte Picassos im Museum, fachsimpeln vor dem zigarrenförmigen Rennwagen des Fahrers Stirling Moss – mit dem Schriftzug der

… eine beeindruckende Oldtimer-Sammlung.

Eismarke „El Dorado“ drauf, der ersten Werbung, die nicht aus der PS-Branche stammte. Sie fotografieren den 5000 GT, eine Sonderanfertigung für den Schah von Persien, und bestaunen den roten A6 GCS Berlinetta, Baujahr 1953 – einer von weltweit überhaupt nur vier gebauten Wagen dieser Art. Viele Modelle stammen aus einer Zeit, als Maserati zusammen mit Ferrari die Formel 1 dominierte – ja, 1956 und 1957 traten sogar nur diese beiden Marken mit jährlich insgesamt 13 Boliden an.

Doch wie kamen solche Raritäten auf vier Rädern nun zwischen Trecker und Mücken auf einen Bauernhof? Matteo Panini, der Besitzer, hat die Antwort: „Fiat wollte beim Kauf von Maserati dessen Oldie-Sammlung als kostenlose Zugabe. ‚No‘, empörte sich Maserati-Manager Alejandro De Tomaso und begann, die historischen Modelle in Großbritannien anzubieten. In Italien befürchtete man – bis hinauf zum Kulturminister – den Verlust heimischer Automobil-Ikonen, suchte einen vermögenden Käufer und fand – meinen Vater.“ Umberto Panini, gemeinsam mit seinen drei Brüdern durch weltweiten Verkauf von Panini-Sammelbildern zum Multimillionär geworden (siehe Tipp 30, Seite 165), wollte erst nicht, schlief eine Nacht drüber und sagte dann doch „Si“! „Wegen des fast schon perfekten Verkaufs an die Briten mussten wir schnell handeln“, erinnert sich Umbertos Sohn Matteo, „die ersten 23 Wagen haben wir unbesehen gekauft, per handgekritzeltem Vertrag auf einem zerknitterten Stück Papier.“

Info

Lage: Die Automuseen und Privatsammlungen sind in der gesamten Region Emilia Romagna zu finden. Eine Kartenübersicht dazu bietet die u. a. Website. Die Maserati-Master-Fahrschule findet statt auf der Rennstrecke Varano de'Melegari, eine halbe Autostunde südwestlich von Parma.

Anfahrt: Von vielen deutschen Flughäfen nach Bologna, von dort weiter per Mietwagen.

Öffnungszeiten: siehe Links auf der u. a. Website

Eintritt: siehe Links auf der u. a. Website

Webseiten:
- www.emiliaromagnaturismo.it/de/motor-valley/land-motoren.html
- Fahrschule: maserati.com/it/it/Maserati-Life/master-maserati-driving-courses/maserati-driving-courses/Practice

29. Radel-Röhren mit Klimaanlage: Cinque Terres stille Nachbarn

Die wie Adlernester an Felsen klebenden Cinque-Terre-Dörfer sind pastellfarbene Postkarten-Ikonen und überstrahlen vieles an Liguriens Riviera. Auch drei Dörfer etwas weiter nördlich. Sie lassen sich daher noch in Ruhe erkunden – auf einer früheren Bahnstrecke, umgebaut zum Küsten-Radweg mit integrierter Klimaanlage.

Es erinnert ein wenig an Paul Klees farbenfrohes Bild „Häuser am Meer", dieses Ensemble aus pastellfarbenen Fassaden, grünen Fensterläden, grauen Dächern und einem vorwitzig hervor lugenden quittengelben Kirchturm, das da aufgestapelt am grünen Hang liegt und in der milden Abendsonne leuchtet. Es ist die Sundowner-Seite des nur aus wenigen Parallelstraßen bestehenden Seebades Levanto, sozusagen seine Hinterhofansicht aus dem Hotelzimmer. Wie muss dann erst der Blick vorne raus sein – zum sicherlich azurblauen Meer? Mit dümpelnden Jachten, einem Strand voller Liegen und bunten Sonnenschirmen? Aber – Moment mal: Wer hat denn diesen architektonischen Betriebsunfall verbockt? Die Sicht zur Meerseite ist komplett verstellt – durch eine Hochstraße! Immerhin keine auf Betonstelzen, sondern eine mit gemauerten Backsteinbögen, Marke römisches Viadukt. Ganz so alt ist diese Trasse

Levanto – fast wie aus einem Bild von Paul Klee

Eine Ex-Eisenbahntrasse ist jetzt Küstenradweg.

dann doch nicht, hatte aber ab ihrer Eröffnung im Jahr 1874 einen ähnlichen Zweck: Eine Eisenbahnlinie verband Levanto da oben mit seinen Nachbardörfern Bonassola und Framura. Etwa 100 Jahre rollten Züge dieser Ferrovia über die Gleise. In den 1970er-Jahren stillgelegt, verfielen die Tunnel zunehmend, standen voll Wasser und Schlamm, wurden mit Brettern vernagelt. Nichts erinnerte mehr an die historischen Schwarz-Weiß-Fotos mit den Zügen, die sich elegant an der Küste entlang schlängelten. Kurz nach der Jahrtausendwende wollten Menschen aus Levanto und Umgebung sich dem Verfall ihrer alten Ferrovia nicht mehr abfinden und kamen auf die Idee, diese Bahntrasse zu einem Rad- und Wanderweg umzugestalten. 2010 wurde sein erster Abschnitt nach jahrelangen Bau- und Renovierungsarbeiten eröffnet.

In Levantos quirligem Ortszentrum, zwischen Straßencafés, Fahrradverleih und Schwimmflügel-Ständen, geht's die Treppe hoch auf den Ex-Bahndamm, inzwischen veredelt mit klangvollem Namen: „Passeggiata a Mare" – Promenade am Meer. Nun ja, im vorderen Teil eher eine für Autos, denn hier ist Levantos größter Parkplatz. Aber dann: Holzbänke mit Blick auf die im Mini-Hafen schaukelnden Jachten, duftende Blumenbeete und gut getrennte Zonen zum Flanieren (links) und für Radfahrer (rechts). Also los, in Richtung Bonassola, den nächsten Ort. Entspannt rollen Familien mit Kindern, Rennradler, Mountain- und E-Biker einträchtig die gut asphaltierte Strecke entlang, geradewegs auf ein schwarzes Loch zu. Und erleben erstmals auf dieser Tour, wie schön Air Condition à la Radel-Röhre ist: Gerade brannte Liguriens Sonne etwas zu brennglasartig in den Nacken, da umweht dieselbe Stelle ein kühles Lüftchen. So, als würde man den Kopf in die geöffnete Eisschranktür stecken.

Angenehm, durch diesen ersten von mehreren ovalen Ex-Eisenbahntunneln zu rollen! Schummriges Deckenlicht statt praller Sonne, von irgendwo da oben unter der Decke scheint jemand mit einer Sprühflasche kühlen Wassernebel herunter zu spritzen. Bei genauerem Hinsehen wird klar: Hier schwitzt nicht der Radler, sondern die Bergwand, durch die der Tunnel getrieben

Abkühlung bieten die alten Tunnel, ...

... schweißtreibend ist dieser Wanderweg.

wurde: Wasser rieselt in der Röhre das schroffe Granitgestein herunter und bildet kleine Pfützen auf dem Radweg. Zurück im Tageslicht wartet hinter dem Tunnel eine Bank – so eine Art Logensitzplatz für den kaum vorgartenkleinen Strand gut zehn Meter darunter. Ob er wohl der Frau mit dem Bernhardiner gehört, die dort barfuß den Füßen im smaragdgrünen Wasser herumschlendert? Vielleicht wohnt sie gleich hinter der vermoosten Treppe, die sich verwunschen hoch auf die Felsnase windet?

Auch bei so einem Rundumblick im Sitzen kann es warm werden. Darum gleich weiter mit dem Rad in den nächsten Tunnel! Er ist länger und kühlt daher intensiver runter. Genau richtig für das Bewegungsangebot, das gleich hinterm Tunnelausgang wartet: der Fuß-Wanderweg „Punta Levanto". Er schlängelt sich 20 bis 30 Meter hoch über dem Meer einen Felsgnubbel hoch. Mit 180-Grad-Panorama-Blick auf das scheinbar wellenlos daliegende Mittelmeer, lediglich kurz vor der Küste durchschnitten von einem weißen Gischtstreifen, den ein heimkommendes Fischerboot hinter sich her zieht. Nächstes Etappenziel mit dem Rad: Bonassola. Noch ruhiger als Levanto, ebenfalls mit pastellfarbenen Häusern, vor denen die gewaschene Wäsche im lauen Lüftchen flattert. Nach einem Cappuccino im Stehcafé oberhalb vom Strand geht's auf die letzte Tunneletappe. Sie ist wieder anders als die vorherigen, denn der Tunnelabschnitt zwischen Bonassola und Framura hat Galeriefenster. Im ersten ankert – wie gemalt – eine Luxusjacht. Könnte von Paul Klee sein, dieses Bild ...

Info

Lage: Levanto und der gut 5 Kilometer lange Küstenradweg liegen genau zwischen Genua und Pisa, von beiden Städten etwa eine Autostunde entfernt.

Anfahrt: Per Flugzeug nach Genua oder Pisa – Billig-Airlines wie Ryanair fliegen hin. Dann im Mietwagen nach Levanto über die E80 und SP566dir. Räder stellen die meisten Hotels in Levanto und Bonassola.

Öffnungszeiten: keine

Eintritt: keine

Website: ciclopedonalemaremonti.com/index.php/en/

Aus dem Tunnel rein nach Bonassola

Zentrale Emilia Romagna

30. Modena: Wo der Mythos (k)lebt – in der Heimat der Panini-Bilder
31. Maranello: „Schumi, hol schon mal den Wagen!“
32. Später Tropfen höhlt den Stein: Im Land des Edel-Essigs
33. Zeitreise mit der Eis-Eiligen: Bolognas Gelato-Museum
34. Kochkurs bei La Mamma: Pasta selbst kneten in Bologna
35. Schnüffeln, schnippeln, schlemmen: Trüffel-Suche in der Emilia

Bologna – ein Meer aus roten Ziegeldächern

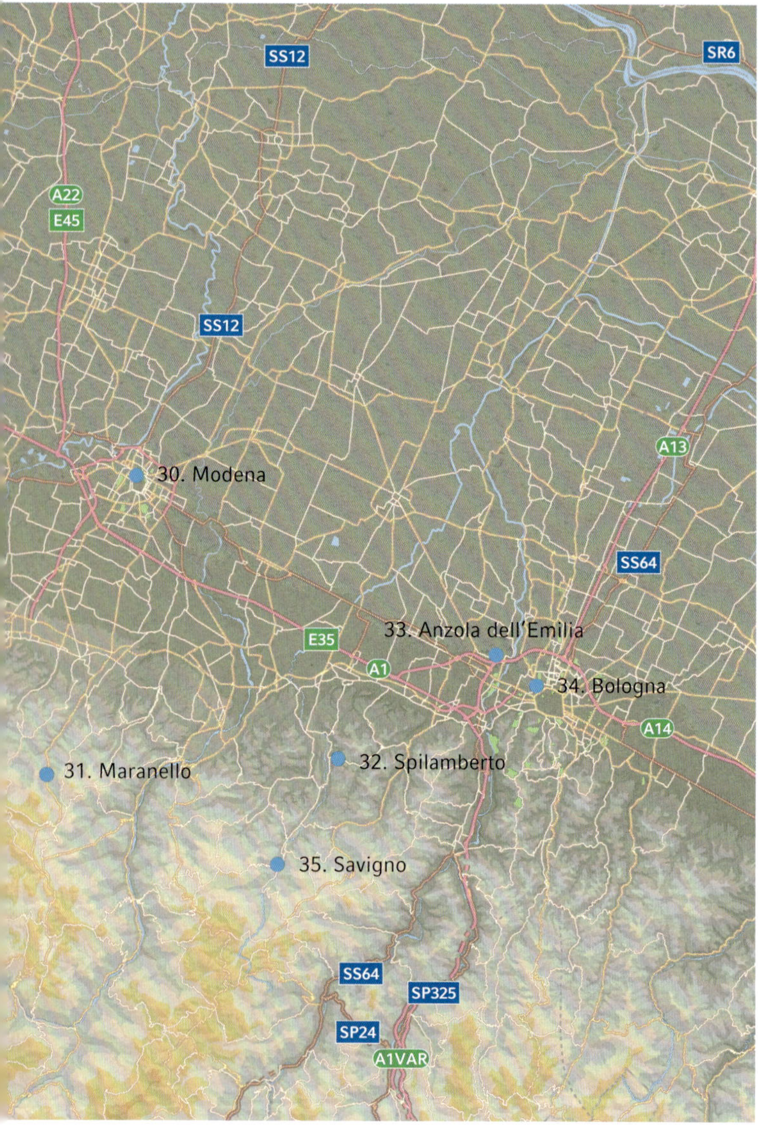
SS12
SR6
A22
E45
SS12
A13
30. Modena
SS64
33. Anzola dell'Emilia
E35
A1
34. Bologna
A14
31. Maranello
32. Spilamberto
35. Savigno
SS64
SP325
SP24
A1VAR

30. Modena: Wo der Mythos (k)lebt – in der Heimat der Panini-Bilder

Zur Fußball-WM 1974 kam das erste deutsche Panini-Album mit Kicker-Bildern in unsere Kioske – aus Modena. Durch diese farbenfrohe norditalienische Stadt können Besucher bis heute auf den Spuren der vier einst armen Panini-Brüder bummeln, die weltweit riesige Sammelleidenschaft entfachten und damit Multimillionäre wurden.

Kartoffelartiges Kopfsteinpflaster, ein schmachtendes Eros-Ramazotti-Double vorm Uhrenturm, entspannte Zuhörer auf der Terrasse der Bar Concerto: Die Piazza Grande ist Modenas Wohnzimmer. Einheimische und Besucher flanieren über den Platz, am zu groß geratenen Dom scheinbar lauernd beäugt von zwei wuchtigen Steinlöwen, die den Seiteneingang bewachen. Auf der Treppe, nicht so recht passend in dieses cool-relaxte italienische Alltagsgemälde, kauern zwei Jungs. Lautstark wie heißblütige Skatspieler fuchteln sie mit aufgefächerten Kärtchen herum – nur Buben auf der Hand, aber kaum Trümpfe: „Nicht

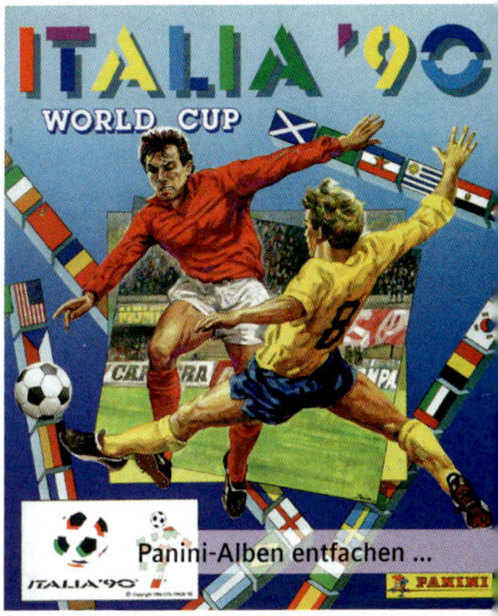

Panini-Alben entfachen …

… zu jeder WM das Sammelfieber.

mal gegen Messi, Ronaldo und Özil zusammen tausche ich den", wettert der kleinere, schwarzgelockte und rückt seinen besonders seltenen Kicker nicht raus. Bei der WM 2014 etwa war Julian Draxler einer dieser meistgesuchten Sammelbilder. Nun haben beide Jungs das aktuelle Album auf den Knien, reißen voller Hoffnung auf fehlende Kicker weitere Tüten auf, eben erstanden im Kiosk um die Ecke, wo die Panini-Story einst begann.

Mama Olga Panini, Kriegswitwe mit acht Kindern, verkauft hier ab 1946 Zeitungen und Zeitschriften. Viele gibt's damals nicht, und so reicht's den Paninis jahrelang kaum für eine warme Mahlzeit pro Tag. Sohn Guiseppe, der älteste, hat mit seinen Brüdern eine clevere Altpapier-Geschäftsidee: Man nehme Zeitungen und Zeitschriften der Vorwochen, dazu einen Luftballon und „Figurine"-Sammelbilder, die damals üblicherweise in Zigarettenpackungen als Zugabe klemmen. Alles zusammen in einen Papierumschlag, zukleben und als „Wundertüte" anbieten. Die kommen

In einem solchen Kiosk fing es an.

Die erfolgreichen Panini-Brüder ...

gut an bei den Kiosk-Kunden, besonders die „Figurine". Also setzen die Brüder auf reine Bildertüten mit italienischen Fußballern – ab 1961 Paninis erster Sammelbild-Renner, beginnend mit Bruno Bolchi, dem Kapitän von Inter Mailand.

Er prangt heute, leicht vergilbt, in Modenas „Museo della Figurina". Von den Panini-Brüdern gegründet und kostenlos zu besichtigen, zeigt es die Geschichte der Sammelbilder, beginnend um 1870 im Pariser Kaufhaus „Au Bon Marché": kostenlose, bunte Kärtchen, beliebt vor allem bei Kindern, die ihre Mütter zu weiteren Einkaufsbesuchen drängen, um die Bildersammlung zu komplettieren. Paninis Erfolgsstory präsentiert das Museum erfreulich bescheiden: Die schätzungsweise gute halbe Milliarde Euro Jahresumsatz

... und ihre frühen Lieferwagen

in mehr als 100 Ländern steht nirgendwo, zu sehen ist aber, womit sie erreicht werden: Nach Fußballern in den 1960er-Jahren folgen Alben mit Flugzeugen und Raketen, Comic-Helden und Pop-Ikonen. Ein Hingucker auch die Weiterentwicklung der Bilder: zuerst noch schwarz-weiß und mit Fotoecken umständlich im Album zu arretieren, bald schon nachkolorierte Fotos, in den Siebzigern dann farbige, selbstklebende und heute schließlich 3D-Glitzer-Sticker. Auch in Zeiten von Internet und Smartphone noch immer Droge für Milliarden Kleber und Sammler weltweit, nicht nur Kinder, sondern auch jener Minister in Nordrhein-Westfalen, der mal während einer Landtagsdebatte beim Einkleben seiner Bilder gefilmt wurde.

Panini – längst ein Gattungsbegriff wie Tesa oder Tempo, aber ohne jede Helden-Huldigung in Modena. Keine Panini-Straße, kein Platz, kein Denkmal. Nur ein Hinweis auf die nächsten Spiele der hiesigen Volleyballer – im Panini-Sportpalast, benannt zu Ehren von Giuseppe, begeisterter Volleyballer und langjähriger Sponsor des Erfolgsclubs. So steht's auf einem Plakat an der zentralen Via Emilia. Schmalere Gassen gruppieren sich um sie herum wie Schichten einer Zwiebel. Praktisch, weil man so beim Bummeln durch die vielen, oft unter Arkaden liegenden Geschäfte nie in den Stadtplan schauen muss. Egal, ob man sich im Feinschmecker-Imbiss „Giusti" mit Kolonialwarenladen-Theke und Sonnensitzplätzen stärkt, in Susanna Martinis Murano-Glas-Schmuck-Boutique „Gioielli in vetro" stöbert oder bei „La Vacchetta Grassa" den Handwerkern beim Nähen von Ledergürteln und -taschen zuschaut – früher oder später steht man auf einer „Ach-hier-sind-wir"-Kreuzung und weiß, wo man ist.

Modenas Altstadtfassaden strahlen in leuchtenden Pastell-Variationen, so als hätten die Maler einen XXL-Tuschkasten benutzt. Die schönsten Farbspiele bietet die Via Castel Maraldo, Paninis erster Firmensitz – in den frühen Sechzigern geprägt von purer Handarbeit: Im Keller werfen Giuseppe, Franco und Benito die Bilder mit Schaufeln durcheinander und mischen sie per Handkurbel in einem Butterfass, damit ja keines doppelt in eine Tüte kommt. Auf Dauer zu mühselig, darum rufen sie Bruder Umberto, zwischenzeitlich für eine Ölfirma nach Venezuela ausgewandert, zurück. Der Tüftler soll eine Bilder-Misch-, Sortier- und Eintüt-Maschine erfinden. Seine „Fifimatic" läuft bis heute, in der 1965 gebauten Panini-Fabrik außerhalb der Altstadt. Ein schmuckloses Gebäude, nichts deutet drauf hin, dass hier in WM-Jahren täglich mehr als 60 Millionen Sticker produziert und von Lkw in die Welt hinaus transportiert werden.

Blick in die heutige Panini-Fabrik

Info

Lage: Modena liegt nordwestlich von Bologna, etwa eine Autostunde entfernt.

Anfahrt: Von vielen deutschen Flughäfen nach Bologna, von dort per Mietwagen nach Modena über die E45 und SS12.

Öffnungszeiten: Das Museo della Figurina hat mittwochs bis freitags von 11 bis 13 und 16 bis 19 Uhr geöffnet, samstags und sonntags von 11 bis 19 Uhr.

Eintritt: 6 Euro

Websites:

- fmav.org/collezioni/collezione-museo-della-figurina
- giusti.it
- susannamartini.com
- lavacchettagrassamodena.it

31. Maranello: „Schumi, hol schon mal den Wagen!“

Die Formel 1 hat vielleicht bald wieder einen Schumi: Mick Schumacher, der Sohn des siebenfachen Weltmeisters, fährt im Nachwuchsprogramm von Ferrari und testet seine Autos dort, wo schon sein Vater pfeilschnelle Runden drehte – auf dem firmeneigenen Testgelände mit angeschlossenem Museum.

Normalerweise kann man dieses Geräusch einfach leiser stellen – mit einem Griff zur Fernbedienung, wenn im TV die Formel 1 läuft. Nicht so in Maranello: Gleich hinter dem Ortsschild drückt es in die Ohren, dieses heisere, hoch- und runterdrehende, sich beinahe überschlagende Kreischen der Motoren. Kein Zweifel, drüben auf der anderen Straßenseite hinter den Sichtblenden jagen Testpiloten gut 900 PS über Ferraris Hausstrecke. Verglichen mit Nürburgring & Co. ein enger Gokart-Kurs. Trotzdem, Michael Schumacher ist immer gerne hergekommen – zur Probefahrt mit seinen neuen Dienst-Geschossen. „Schumi, hol schon mal den Wagen“, hieß es für ihn und „alle runter von der Strecke“ für die Testfahrer, damit der Weltmeister freie Bahn hatte. Etwa 20 Jahre ist das her und doch gerade wieder

Einmal in der Boxengasse bei Ferrari stehen

Gnubbelige Oldtimer neben schnittigen Formel I-Rennern

aktuell. Denn seit Kurzem fährt Mick Schumacher, der Sohn von Michael, in der sogenannten „Ferrari Driver Academy“, einem Nachwuchsprogramm, mit dem der italienische Rennsportstall Talente sichtet und testet, von denen er hofft, dass sie ein paar Jahre später in den Formel-1-Cockpits der „Roten“ sitzen und wieder Titel nach Maranello fahren, so wie es „Schumi“ fünf Mal für Ferrari geschafft hat in den Jahren zwischen 2000 und 2004.

Die Erinnerung daran steht und hängt unübersehbar im Firmenmuseum nebenan: Dort haben Schumi (jubelnd, als Riesenposter) und sein Wagen (Original) einen ewigen Parkplatz. „Galleria Ferrari“ heißt diese XXL-Garage mit bisweilen etwas einfallsloser Standstreifen-Architektur: Im Erdgeschoss, der Formel-1-Abteilung, stehen 15 Renner in mehreren Spuren hintereinander, wie im Stau. Der 125 Sport mit lustigen Froschaugen-Lampen und noch wein- statt knallrot: Ferraris erster Rennwagen überhaupt. Ein paar Meter weiter die an Seifenkisten erinnernden, zigarrenförmigen Autos mit Stahlspeichen-Rädern der sechziger Jahre und auf der anderen Seite einige Formel-1-Boliden jüngerer Zeit von Ayrton Senna oder Schumacher mit der heute typischen Frontspoiler-Schaufel. Gut und mutig, dass sämtliche Autos – anders als die meterlange Pokalsammlung – nicht hinter

Glas stehen, sondern frei zugänglich sind, natürlich nur unter Beachtung des alten Rudi-Assauer-Mottos aus der Bierwerbung: „Nur gucken, nicht anfassen!"

Gegenüber einer nachgebauten Formel-1-Box lohnt ein Blick in das erste Büro des 1988 verstorbenen Firmengründers Enzo Ferrari, mit Hornbrille auf dem beigen Beamten-Schreibtisch, einem schwarzem Wählscheiben-

Ferrari-Sportwagen-Klassikern ist ein eigener Raum gewidmet.

telefon und Kassenbuch. Der Patriarch verlagerte seine Autoschmiede schon 1943 aus Modena ins damalige Dorf Maranello, weil er expandieren wollte und Visionen von schnittigen, schnellen Autos hatte. Auf allen klebt bis heute das schwarze Ferrari-Pferd, ursprünglich ein Logo auf dem Propellerflugzeug des Kampffliegers Francesco Baracca. Dessen Mutter

Der Testarossa buhlt mit ...

... dem Tourenwagen um Aufmerksamkeit.

schenkte es dem aufstrebenden Rennfahrer Ferrari, und heute ziert es sogar einen Verkehrskreisel des 16.000-Einwohner-Ortes. Vor allem aber die Spiders, Testarossas und Californias im zweiten Stock der Galleria Ferrari. Schön anzuschauen, die teuren, sämtlich handgearbeiteten Edel-Sportwagen, fast scheinen sie zu posieren für die vielen Handy-Kamera-Knipser unter den Besuchern. Und wirken doch ein wenig lieblos abgestellt. Denn die Galleria Ferrari könnte spannende Geschichten erzählen zu diesen einmaligen Autos – etwa von Promis, die sie fahren, oder von Filmen, in denen sie eine Rolle spielten, wie „Miami Vice", „James Bond" oder „Rainman".

In diesem Büro machte Enzo Ferrari seine Marke groß.

Info

Lage: Maranello liegt östlich von Bologna, eine gute halbe Autostunde entfernt.

Anfahrt: Von vielen deutschen Flughäfen nach Bologna, von dort per Mietwagen nach Maranello über die SP569.

Öffnungszeiten: täglich außer 25. Dezember und 1. Januar; von November bis März 9:30 bis 18 Uhr, von April bis Oktober 9:30 bis 19 Uhr

Eintritt: 17 Euro

Website: musei.ferrari.com/en

32. Später Tropfen höhlt den Stein: Im Land des Edel-Essigs

„Aceto Balsamico Tradizionale" reift auf Norditaliens Dachböden und wird erst nach Jahrzehnten verkauft – in Mini-Flaschen zu Maxi-Preisen. In Spilamberto dreht sich alles um diese einzigartige Delikatesse – im Aceto-Museum und sogar beim Eismann.

Gleich nach der Begrüßung wird Cristina Sereni erst mal grundsätzlich: Ab jetzt gehe es hier bitteschön nicht um den „Aceto Balsamico de Modena", diese – nun ja – Essenz aus dem Supermarktregal, mit der mancher Koch seinen Salat in einer Pfütze ertränke. Pseudodelikater Essig also, mit jeder Menge Panschstoffen wie Zuckerrohr oder Mais, maschinell hergestellt und daher von den Menschen in Spilamberto etwas abschätzig „Aceto Balsamico Industriale" genannt. Im Unterschied zum „Tradizionale", dessen Lordsiegelbewahrer in diesem 11.000-Einwohner-Städtchen südlich von Modena leben, wo sie – ein bisschen wie Zaubertrank-Druide Miraculix – den edlen Tropfen gemäß geheimnisvoller Bräuche reifen lassen und ihm an jeder Ecke huldigen. In Spezialgeschäften, einer Eisdiele und sogar im eigens errichteten „Museo del Balsamico Tradizionale".

Edler Tropfen – der Aceto Balsamico Traditionale

Die resolute Frau Sereni bittet hinein, und schon stehen ihre Besucher mitten in einem Holzfass. Ein raumhoher Nachbau der (Keim-)Zellen, in denen der Traubenmost dieser Gegend lebenslänglich bekommt. 25 Jahre, mancherorts noch länger in Dunkelhaft, um dann als Aceto Traditionale entlassen zu werden. „Doch der Reihe nach", bremst Cristina Sereni und erklärt das Verfahren ganz genau: Spätlese-Trauben der Region wie Trebbiano di Spagna, Ancellotta oder Lambrusco werden abends gepresst, schon am nächsten Morgen schmurgelt der daraus abgestochene Most bei 90 bis 95 Grad unter freiem Himmel, bis zu 14 Stunden in Kupferbehältern. Mehrere davon stehen im Museum und sehen aus wie

Cristina Sereni ...

klobige, verbeulte XXL-Pokale mit Fondue-Feuerstelle drunter.

Die Aceto-Alchemisten füllen das noch verbliebene Gebräu (die Hälfte ist beim Kochen verdampft) nun um in ein 60-Liter-Fass, meistens aus Kirsche oder Maulbeere. Beides weiche Hölzer, die Sauerstoffaustausch mit der „Außenwelt" ermöglichen, den Inhalt atmen lassen und so seine Gärung beschleunigen. Alle paar Jahre wird etwas von der zunehmend brauner und dickflüssiger werdenden Brühe in andere, immer kleinere Fässer umgefüllt – zuerst solche aus Kastanie und Wacholder, die letzten dann zumeist aus Eiche oder Akazie. Extrem harte Hölzer, die fast gar keine Verdunstung mehr gestatten und die „Abrundung von Geschmack und Duft des Essigs fördern", wie Frau Sereni sagt. Batterien von mindestens fünf, oft aber bis zu zehn Fässern stehen in den „Acetaias" der Region, gut zu erkennen an zahllosen Hinweisschildern am Straßenrand im grünen, lieblich-hügeligen Schwemmland der Emilia Romagna.

„Acetaias sind immer auf Dachböden", sagt Cristina Sereni und stapft ins obere Stockwerk des Museums. „Weil die warmen Sommertemperaturen den Reifeprozess fördern und die Winterkälte dafür sorgt, dass sich Trübstoffe am Boden des Fasses absetzen." Sie senkt die Stimme:

... führt auch ins Allerheiligste, den Dachboden.

Experten mit feinen Nasen ...

„Wissenschaftlich erwiesen ist das nicht ...“ Trotzdem, alle hier in der Gegend machen es so. Erstens, weil der offenbar kulinarisch bewanderte Anwalt Francesco Aggazzotti es 1862 so aufschrieb – in einer der ältesten erhaltenen Rezepturen. Und zweitens, weil's eben so üblich ist in der Consorteria dell'Aceto Balsamico Tradizionale, einem 1969 gegründeten Zusammenschluss von etwa 1500 Herstellern rund um Modena mit dem Geschäftsziel, ihr Produkt im Adelsstand des Delikatessenreichs zu bewahren: „König der Essige – Essig der Könige“, lautet ein schmissiger Slogan, weil Herzog Ercole III von Modena mit seiner Aceto-Geschenk-Ampulle offenbar gut ankam – damals, 1792 bei der Krönung von Habsburger-Kaiser Franz I. Fortan wurde der Essig weitergereicht, zu Hause bei Hochadels in ganz Europa – übrigens nicht nur als würziger Geschmacks-Klunker am Essen, sondern auch als Breitband-Salbe gegen Zipperlein aller Art, daher der Beiname „Balsamico“.

... testen den Aceto aus den Fassbatterien.

Unter den Dachsparren des Museums angekommen, blicken die Besucher auf Reihen von Holzfässern. Sie erinnern, immer kleiner werdend, irgendwie an diese russischen, ineinander steckenden Babuschka-Omis. Essiggeruch steigt in die Nase, erstaunlich streng und würzig, obwohl doch viele Fässer gar keinen Dunst durchlassen – oder? Cristina Sereni kennt diese Überraschung schon und lüftet auch dieses Geheimnis – in Form eines weißen Stofftuchs, beschwert von einem handtellergroßen, grauen Stein, der auf jedem Fass liegt. „Als

Insektenschutz, denn darunter ist ein Loch im Fass", erklärt die Expertin, „damit man von Zeit zu Zeit Aceto entnehmen und nachfüllen sowie seine Qualität checken kann. Und, schauen Sie mal, was die Essigsäure über all die Jahrzehnte mit dem Kiesel macht": Tatsächlich, er ist von der Unterseite ausgehöhlt – edler Tropfen höhlt den Stein. Einige Fassreihen gehören Familien, angelegt bei Geburt eines ihrer Kinder, um sie dem Nachwuchs bei der Hochzeit oder der Familiengründung zu vermachen – eine Tradition dieser Gegend.

Museumsbesucher dürfen sofort probieren, aus einem bauchigen, gläsernen Schwenker, der aussieht wie der aufgepustete Erlenmeyerkolben im Chemieunterricht. Zähflüssig wie Hustensirup, tiefbraun wie Motoröl schwappt der Aceto in Zeitlupe darin herum und durch Frau Serenis sichere Hand auf einen winzigen Plastik-Probierlöffel. Zuerst der Teenie unter den Acetos: 15 Jahre jung, schmeckt er schon würzig, lässt auf dem Weg von der Zungenspitze bis hinter die Mandeln für Sekundenbruchteile Aromen von Kirsche, Kastanie und Wacholder aufblitzen. Kurze Pause, dann den großen Bruder hinterher – 24-jährig. Ja, deutlich reifer, weniger Säure, dafür mehr Aroma-Entfaltung.

Klar, dass niemand diese teure Köstlichkeit über Salat abregnen lässt, sondern Einzel-Tröpfchen an Parmigiano-Käse, Erdbeeren oder Eis drapiert. Doch Spilamberto setzt noch einen drauf: Unterm Wehrturm mit den charakteristischen Zinnen gibt es eine Eisdiele mit einzigartiger Geschmackssorte im Kühltresen: Aceto-Gelato.

Info

Lage: Spilamberto liegt eine halbe Autostunde südlich von Modena.

Anfahrt: Viele Airlines fliegen von mehreren deutschen Flughäfen zum nächstgelegenen, größeren Flughafen Bologna. Von dort ist Spilamberto im Mietwagen in etwa 40 Minuten über die SP569 erreichbar.

Öffnungszeiten: Museo del Balsamico Tradizionale: Dienstag bis Sonntag geöffnet, von 10:30 bis 17:30 Uhr, mittwochs nur bis 13:30 Uhr.

Eintritt: 2 Euro

Websites:
- museodelbalsamicotradizionale.org
- Eisdiele Gelato: gelatomodena.it

33. Zeitreise mit der Eis-Eiligen: Bolognas Gelato-Museum

Vom ersten Sorbet altägyptischer Pharaonen bis zum heutigen Stracciatella-Klassiker: Im einzigartigen Gelato-Museum bei Bologna schlendert man durch die Geschichte kalter Köstlichkeiten und rührt am Ende selbst welche zusammen.

Wenn – sagen wir mal – Giovanni in der Eisdiele „Rialto" nur mal kurz nach hinten geht und Sekunden später mit einem raureifüberzogenen grauen Bottich zurückkommt, dann ist schon die neue Ladung Stracciatella da, und Giovannis Schwester hinterm Tresen kann die nächste Kugel für den Kunden ins Hörnchen drücken. Vor 3200 Jahren mussten mesopotamische Herrscher im heutigen Irak auf diesen Moment wochenlang warten, erklärt Maria Bruna Gaudiano. Denn so lange dauerte es, bis losgeschickte Lakaien aus den Bergen Schnee über hunderte Kilometer heran schafften, ihn in Kühlkellern mit Wein und Honig aromatisierten und ihren Herren als kalte Drinks servierten. Immerhin, dies war die Ur-Form des heutigen Speiseeises, erfahren wir an der ersten Info-Insel des Gelato-Museums und wollen uns hier gerade genauer ausmalen, wie dieser Eisgenuss damals wohl gewesen sein mag, an reich gedeckter Tafel unterm sanft geschwenkten Palmwedel. Doch da beamt Maria Gaudiano uns schon rüber ins alte Ägypten zu ebenfalls vorchristlichen Eisversuchen der Pharaonen – nur fünf Meter neben Mesopotamien gelegen – im lichtdurchfluteten, passend zum Thema ganz in weiß gehaltenen Gelato-Museum.

Softeis – die ewige Verheißung für Kinder

Maria führt Gäste aus aller Welt durch diese 2012 eröffnete, weltweit wohl einzigartige Ausstellung, und wenn sie strahlend, temperamentvoll und temporeich über Gelato erzählt, dann scheint es, als sei sie seit

Wer bekam je ein Eis mit weißem Handschuh überreicht?

Wenn er klingelte, strömten alle zusammen.

Kein Folter-Instrument, sondern ein Waffeleisen …

… und ein historischer Eiskarren

Paolo und Marina – historische Eis-Macher

5000 Jahren in so ziemlich jeder Speise-Eiszeit dabei gewesen. Auch im Paris des 16. Jahrhunderts am Hof von Katharina von Medici, deren Astrologe Cosimo Ruggieri offenbar erstaunlich multitaskingfähig war und der französischen Königin nicht nur die Geburt von zehn Kindern und ihren Todesort voraussagte, sondern auch das Sorbet in die höfische Menüfolge eingeführt haben soll. Vom Bankettsaal in die Boulevards – ab dem 17. Jahrhundert dürfen erstmals auch Nicht-Adlige am Eis lecken – im „Procope", Frankreichs erster, 1686 eröffneter Eisdiele etwa, wo Schriftsteller die neue Delikatesse probierten und sie prompt in ihren Werken auftauchen ließen. Ab dem 19. Jahrhundert gab's Eis aus Holzkarren in den Straßen zu kaufen – möglich geworden, weil Rezepte für Eiscremes auf Milchbasis und Kühlverfahren erfunden sind, erzählt Maria, strebt nun schnurstracks in die Gegenwart, und wir ahnen allmählich, warum sie das mit derartigem Affenzahn tut.

Das Gelato-Museum wird nämlich nicht von spleenigen Volkskundlern mit Hang zu historischer Unterkühlung betrieben, sondern von der Firma Carpigiani, einem 1946 gegründeten, heute weltweit führenden Hersteller von Eismaschinen. Die ersten Exemplare davon – metallene Bottiche mit Rührpaddel – rücken nun allmählich ins Bild, während wir von Maria ins 20. Jahrhundert geleitet werden. Doch zuvor stoppt sie noch an einem Apparat, der anmutet wie ein Foltergerät mit vielen metallenen Spitzen: ein Eisen zur Herstellung der ersten Waffelhörnchen. 1903 kaum patentiert, löste es weltweit Sandwich-Kekse und Papier als Eisbehälter ebenso ab wie in Großbritannien und den USA die sogenannten „Penny Licks": Schnapsgläser mit Eis gefüllt, die leer geleckt vom Kunden an den Eismann zurückgegeben und von diesen nicht selten ohne Abwasch mit neuem Eis an den nächsten Kunden gereicht wurden, was schon mal Krankheiten wie Tuberkulose übertrug, weshalb die Penny Licks ab 1899 in London nicht mehr erlaubt waren.

Tja, nun angekommen im historischen Carpigiani-Eismaschinen-Parkplatz gibt es leider viel zu viel Konkurrenz, die den immer weiter perfektionierten und automatisierten Rühr-Riesen mit integrierten Kühlschränken die Schau stiehlt. Da ist die wunderbare, dreirädrige rollende Eisdiele – ein Gelato-Fahrrad mit Kühlerfigur und Kerzenlampen. Oder die rührenden Schwarz-Weiß-Fotos von Eis schleckenden Kindern der Sechziger Jahre und Eisverkäufer-Autos aus derselben Zeit – mit Wohnmobil-Maßen und unüberhörbarer Schiffsglocke dran. Maria schmunzelt gütig, weil wir hier gar nicht wieder rauskommen wollen aus dieser Zeitreise in die eigene Jugend. Aber sie weiß genau, mit welcher Frage sie es dann doch sofort schafft: „Wollen wir eigentlich noch ein bisschen Eis machen?"

Manch ein Eismann kam per Rad.

Na klar wollen wir und queren das Carpigiani-Werksgelände vom Museum zur eigens eingerichteten Eisdiele, wo Maria zunächst für ein paar Minuten zur Gelato-Dozentin wird und an einer Tafel den Unterschied erklärt zwischen dem in Eisdielen (mit Carpigiani-Maschinen ...) hergestellten Speiseeis und dem – nun ja – „Kalten Grausen", also industriell gefertigtem Eis aus der Supermarkt-Kühltruhe. Letzteres enthalte viel Luft, Fett, Farbstoffe und Zucker. Außerdem sei es immer gleich und haltbar gemacht für lange Transportwege, wohingegen der Gelatier sich täglich neue Eis-Kreationen ausdenken könne und immer frisch produzieren

Zum Schluss produzieren Besucher ihre persönliche Eis-Sorte.

müsse. Machen wir jetzt auch – angeleitet von Maria und den Eisdielen-Giovannis. Eigentlich ganz einfach: Mangos waschen, kleinschnippeln, mit einer vorbereiteten Zuckermasse mixen und pürieren. Anschließend fährt alles zusammen etwa sieben Minuten lang Karussell in der Eismaschine, bevor es mit einem biegsamen Küchenspatel heraus gelöffelt wird – in einen dieser grauen, raureifüberzogenen Bottiche, der bald darauf im Eisdielen-Tresen steht.

Info

Lage: Das Gelato-Museum liegt in der Ortschaft Anzola dell'Emilia, etwa eine halbe Autostunde westlich von Bologna.

Anfahrt: Lufthansa fliegt z. B. von Frankfurt und München, Germanwings von Köln/Bonn nach Bologna. Weiterreise im Mietwagen über die SS9.

Öffnungszeiten: dienstags bis samstags von 9 bis 18 Uhr. Besuche sind nur im Rahmen von Führungen möglich.

Eintritt: 20 Euro für die beschriebene Tour.

Website: gelatomuseum.com

34. Kochkurs bei La Mamma: Pasta selbst kneten in Bologna

Tortellone um die Finger wickeln, leckere Füllung anrühren, gemeinsam essen – bei Italienerinnen in der heimischen Küche lernen Bologna-Besucher, wie man leckere Pasta selbst macht – und sie sind mittendrin im Familienleben.

Man nehme: Eine resolute Köchin, die plüschige Wohnung ihrer Mutter, zwei Eier und einen Mehlhaufen – schon geht's los. Mehl und Eier zu Teig vermantschen und dann kneten, walken, rollen – minutenlang. Diese Teig-Massage muss Köchin Luisa Mambelli erst mal in Gang bringen, zu Beginn ihres Kurses, dann bleibt genug Zeit für Vorstellungsrunden (fünf Teilnehmer aus Deutschland) und die Menüfolge (heute Tortellone, gefolgt von Tagliatelle). Die Kursleiterin beobachtet ihre Pasta-Praktikanten durch eine helle, große Brille, die ihre flinken, wachen Augen lupenartig vergrößert. „Va bene!" und „Brava", ruft sie lobend über den Tisch im kleinen Esszimmer oder korrigierend schon mal „Troppo", wenn Rolf aus Kassel zu viel Mehl beigestreut hat. Lässig mit Espressotasse in ihrer Coachingzone stehend, knetet Luisa ihren Teigklumpen einhändig zu gleichmäßiger, elastischer Masse, während alle Novizen beidhändig-ungelenk faustgroße, lehmige Klopse fabrizieren.

Tortellone-Teig-Produktion am Wohnzimmertisch

Aber genau darum sind wir ja hier, um zu lernen wie's richtig geht. „Homefood" heißt die Kochschule, was ein wenig nach Essen auf Rädern klingt, aber eine der schönsten Gelegenheiten ist, für ein paar Stunden tief in italienische Familien, ihre Wohnungen, Geschichte und Kochkünste einzutauchen. Gibt's in ganz Italien, organisiert von sogenannten Cesarinen. So hießen früher allgewaltige Hauswirtschafterinnen mit 360-Grad-Aufgaben von Kinder bis Küche. Luisa ist zwar Verlagskauffrau, hätte aber vor 100 Jahren eine propere Cesarine abgegeben. Schon allein, weil sie ihren Kochkurs sehr pragmatisch aufzieht – beginnend mit dem Ort, der großzügigen Wohnung ihrer Mutter – damit La Mamma Gesellschaft und Luisas Mann zu Hause seine Ruhe

Luisa, die Cesarine, prüft alles mit strengem Blick.

hat. Seit mehr als zehn Jahren nun schon kommen Amerikaner, Japaner, Deutsche, Niederländer, Spanier zu ihr in den grünen, hügeligen Vorort Bolognas – der Stadt mit dem Beinamen „Italiens Bauch", weil's hier so unendlich viel Pasta, Schinken, Käse und Fisch gibt in den kleinen Läden rund um die Piazza Maggiore. Die Verständigung im Kochkurs? Eine Prise Küchen-Englisch spricht Luisa, der Rest klappt mit Händen und Füßen, international geläufigen Italienisch-Brocken und gelegentlich per Finger in Mehlstaub geschriebenen Mengenangaben.

Jeder ritzt nun nach Ansage ein Kreuz in seinen Teigklumpen. „Hab ich von meiner Oma gelernt", sagt Luisa, „so haben die Leute in schlechten Zeiten dafür gedankt, dass sie zu essen hatten." Während der Teig zehn Minuten luftdicht abgeschlossen unter einer Schüssel zieht, lernen wir fix den Unterschied zwischen Tortellini (klein, mit Fleischfüllung) und Tortellone (größer, mit Käse drin). Für Letztere rühren wir nun nebenan in der Küche Spinat, Ricotta und Parmesan zusammen, dirigiert von Luisa, die dabei ein Freejazz-Konzert gibt aus zuklappenden Schubladen, auf Tellerränder niedersausende Löffel und in Schüsseln mixenden Gabeln. „Eigentlich viel zu schade als Pasta-Füllung", raunt Uta aus Köln und nascht einen Zeigefinger voll davon, bevor auch sie schon wieder rüber ins Esszimmer muss, Hand anlegen ans Matterello, einem etwa einen Meter breiten Nudelholz. Damit sollen wir unseren Teigklumpen nun in eine ebene, hauchdünne Teig-Piazza verwandeln. Was nur vereinzelt gelingt … Doch Luisa hilft gütig mit Mehlpflastern, flickt und bügelt die Teigfetzen so lange, bis sie sich überall wie Haut ums Matterello legen und bei sachter Drehung „flap-flap" auf dem Tisch machen – so soll's sein.

Ricotta-Füllung hinein …

Die Arbeitsgänge im Kochkurs passieren mit so viel Tempo, dass sicher ist – gegen halb eins wird das Essen auf dem Tisch stehen. Trotzdem ist zwischendurch genügend Zeit für Plausch. Zum Beispiel über die Stiche mit alten Landkarten von Neapel, Sizilien und Bologna, die im Esszimmer von Luisas Mutter an der Wand hängen. „Stationen der Familie, da haben wir überall gelebt", erklärt Luisa, und ihre 85-jährige Mutter erzählt mit Blick auf ein klingelndes Handy, sie erinnere sich noch genau, wie sie im sizilianischen Catania – so etwa 1949 – das erste Festnetz-Telefonat ihres Lebens geführt habe. So taucht man beim Kochen ganz nebenbei ein in etwas italienische Familiengeschichte und erfährt, dass Luisa immer sonntags ihrer Oma beim Kochen zugeschaut, das so gespeicherte Wissen aber erst als erwachsene Frau so richtig abgerufen und zu ihrem Hobby gemacht hat.

… fertig sind die Tortellone!

Jetzt wird's geometrisch: Wir teilen den Teig mit einer welligen Spezialrolle in viele Quadrate, um anschließend jedes einzelne mit einem Klacks Spinat-Ricotta-Masse zu füllen, zum Dreieck zu schließen und um den Zeigefinger zu legen. Der Bauchnabel der römischen Göttin Venus soll Vorbild gewesen sein bei der Erfindung dieser Tortellone-Form.

Doppelt hält besser – auch beim Tagliatelle-Schneiden

Jetzt aus dem Restteig noch rasch Tagliatelle schneiden, also lange, etwa einen Zentimeter breite Streifen. Erleichterung macht sich breit auf einigen Gesichtern: „Das kann ja nicht so schwer sein", ist da abzulesen. Nein, keineswegs, aber Grundschul-Note zwei in Handarbeiten ist schon von Vorteil, denn Luisa lässt uns die von der Hand wie akkurat gekämmte Haare herunterhängende Nudeln nun zu formschönen Pasta-Nestern zusammendrehen. Soll ja schließlich nett aussehen, gleich auf dem Teller. Das Ragu, die Sauce zu den Tagliatelle, hat Luisa dankenswerterweise schon vorbereitet.

Info

Lage: Bologna liegt mitten in der Emilia Romagna, zwischen Florenz und Venedig.

Anfahrt: Lufthansa und Germanwings fliegen von mehreren deutschen Flughafen direkt nach Bologna.

Öffnungszeiten: keine, vorherige Buchung erforderlich

Eintritt: Ein Kurs mit Essen kostet 145 Euro.

Website: cesarine.it

35. Schnüffeln, schnippeln, schlemmen: Trüffel-Suche in der Emilia

Im Herbst ist die beste Zeit für geführte Edelpilz-Suchtouren, Kochkurse und Gourmet-Menüs in einem der besten Restaurants Italiens.

Nein, so wird das nichts: Mit einem zaghaften „Such, such" will Reto, ein schweizerischer Gast, zwei Trüffelspürhunde zum Buddeln unter einer Eiche animieren. Doch die beiden schauen nur hilfesuchend zu Herrchen. Giuseppe Donini heißt er, sieht aus wie Fußballtrainer Trappatonis jüngerer Bruder und bietet Camilla und Boss, seine vierbeinigen Trüffel-Detektive, nun noch anderen Teilnehmern dieser Edelpilz-Safari an. Doch keiner möchte wie Reto enden, alle wollen lieber Giuseppes Show sehen; wie er seine beiden Hunde durchs Unterholz scheucht: „Dove Camilla, vieni Boss!", feuert er sie an und bellt nun ein wenig heiser-verzweifelt wie Trappatoni bei seiner berühmten „Flasche leer"-Rede.

Denn der hügelige Waldboden hier bei Savigno, einem 2500-Seelen-Dorf südlich von Bologna, ist zu trocken. „Schlechte Schnüffelbedingungen für Hundenasen", sagt Alberto Bettini, Besitzer der Trattoria „Locanda Amerigo". Er hofft sehr, dass Camilla und Boss heute endlich fündig werden, damit seine Trüffelgerichte zu fairen Preisen auf der Karte bleiben können. 2000 Euro muss Bettini schon mal für ein Kilo „Weißen" zahlen, den edelsten Trüffel. Gut möglich, dass es eine Woche drauf mehr als 3000 sind, wenn Camilla, Boss und die anderen Spürnasen in der norditalienischen Region Emilia Romagna weiter wenig finden. Egal wie der Börsenkurs für diesen Diamanten unter den Schlauchpilzen gerade steht – Giuseppe, der Hundeführer kommt stets auf seinen Schnitt: „Zwischen September und Januar macht er ein zusätzliches Jahreseinkommen", knurrt Alberto und raunt seinen Gästen zu, der Boss von Boss, also das Trappatoni-Double, sei eigentlich „Stradino" – Straßen-

Giuseppe Donini belohnt „Boss", einen seiner Trüffelhunde.

arbeiter. Der ruft in diesem Moment „Bravo, bravissimo“, denn Camilla hat eine nussgroße Knolle aufgespürt, neben einer Linde. Denn hier und an Eichen gehen die durchschnittlich 80 Gramm schweren Trüffelpilz-Knollen am liebsten eine Liason mit den Baumwurzeln ein, meist so 30 Zentimeter tief im Boden. Giuseppe lenkt seine Hündin mit einem Leckerli ab und buddelt den weißen Trüffel mit einer kleinen Spitzhacke vorsichtig aus.

„Einfach nur hmmm“, findet Alberto den intensiven, würzigen Trüffelgeruch, von dem kulinarische Banausen aber auch schon mal behaupten, er ähnele dampfenden Pfadfindersocken nach einem Dreitagesmarsch. Die müssten dringend gewaschen werden, Trüffel hingegen auf keinen Fall, erklärt Alberto in der Mini-Küche seiner Trattoria: „Bürste nass machen und sachte abschrubben – basta!“ Einige Teilnehmer probieren es und gehen dabei so behutsam vor, als reinigten sie ihren Familienschmuck. „Dann die Trüffel ein paar Stunden liegen lassen und ab in den Kühlschrank – auf Küchenpapier, damit die Knolle austrocknet und Würze entfaltet“, notieren all jene im Kurs, die Albertos Zusage („Rezepte am Ende des Tages“) nicht recht zu trauen scheinen.

Schwarzer Trüffel ...

... für Alberto ein Gedicht

Nun machen alle Bekanntschaft mit einem Nudelholz. Denn Fertigpasta kommt bei Alberto weder in die Tüte noch auf den Tisch. Dafür aber ein faustgroßer Teigklumpen. Den walzt Anna, die Küchenhilfe – Typ freundliche Großmama – geduldig auseinander. „Auch mal probieren?“, fragt sie. Reto ist mutig und verwandelt Annas kreisrunde, ebene Teig-Piazza mit gerade mal vier Nudelholz-Walzfahrten in ein ausgefranstes Schlagloch-Oval. Kaum verwunderlich, dass alle weiteren Möchtegern-Teigroller ebenso als wildgewordene Planierraupen scheitern, um so erstaunlicher aber, wie die grundgütige Anna all diese Verwerfungen im Nu wieder einebnet.

Anna zaubert …

… aus dünnem Teig …

… Pasta-Haare …

… und schließlich Nudel-Nester.

Jetzt ist alles möglich mit diesem hauchdünnen Nudelrohstoff aus Mehl und Eiern: Tagliatelle, Tortellini, Rigatoni. „Spaghetti auch?", will eine bis dato stille Kursteilnehmerin aus Köln wissen und nimmt die ebenso knappe wie klare Erkenntnis mit nach Hause: „Kommen aus Neapel, werden in der Fabrik produziert, machen wir nicht!" Und weiter: Teig-Piazza sachte zu einer Röhre rollen, diese dann in kaum fingerbreite Stücke schnippeln – das schaffen sogar alle heute anwesenden „Past-a-mateure". Daraus nun aber die Haare von Herzogin Lucrezia zu zaubern, das kriegt wieder nur Anna hin, unter den staunenden Augen der Teilnehmer. Kinderleicht sieht's aus, wie sie die Teigstückchen hochreißt und dabei zu goldgelben Locken entfaltet. Sie gleichen angeblich denen von Lucrezia Borga, zu Beginn des 16. Jahrhunderts Gattin des Herzogs von Ferrara und Modena.

Nach reichlich Geschnüffel und Geschnippel – höchste Zeit fürs Genießen. Die Tortelli, von Anna aus viereckigen Teigstücken geformt, kommen als erster Gang wieder auf den Tisch. Bei Alberto nur „in brodo", einer Brühe vom ausgekochten Perlhuhn. Und der Trüffel? Ist ab sofort dekoratives Sahnehäubchen oder kräftiges Gewürztuning und manchmal auch nur unauffälliger Gast in allen weiteren Gängen, sei es auf der Polenta oder an Pasta-Raffinessen. Beim Genuss dieser ebenso erdigen wie exquisiten norditalienischen Landküche sitzen die Gäste auf wackeligen Holzstühlen an einem der gerade mal sechs Tische mit rot-weißen Karodecken. Die Szenerie drum herum gleicht einem Fünfziger-Jahre-Film: Cinzano-Reklamespiegel an der Wand, Wählscheiben-Telefon daneben, weiße Gardinen mit Stickmustern in den Fenstern und über den Gästen gerahmte, streng herabschauende Vorfahren in schwarzweiß.

Unscheinbar, aber eines der Top-Restaurants Italiens

Einer davon: Opa Amerigo, 1934 Gründer der Locanda und bis heute Namenspatron. Von ihm übernahm Enkel Alberto die Trattoria und machte sie zu einem der besten Restaurants Italiens: Ein Michelin-Stern, drei Garnelen des angesehensten italienischen Gourmet-Führers sowie die Auszeichnung der Slowfood-Bewegung für faire Preise und regionale Produkte – diese drei Plaketten zusammen hat so leicht kein Restaurant im Stiefel-Staat an der Tür.

Info

Lage: Savigno liegt gut 30 Kilometer südwestlich von Bologna.

Anfahrt: Von vielen deutschen Flughäfen nach Bologna, von dort per Mietwagen nach Savigno über die A14, SP26 und SP27.

Öffnungszeiten: Das Restaurant Locanda Amerigo 1934 hat geöffnet mittwochs bis sonntags von 19:30 bis 22:30 Uhr, samstags und sonntags auch mittags von 12 bis 14:30 Uhr.

Eintritt: keiner

Website: amerigo1934.it

Südöstliche Emilia Romagna/ San Marino

36. UNESCO-Weltkulturerbe und Guerilla-Bilder: Ravenna ist ein Muss für Mosaik-Fans
37. Rimi-nie! Hinterland – si! Die versteckten Adria-Dörfer
38. Alea iacta est: Der Rubikon ist überschritten – aber wo genau?
39. Im Zwergstaat der Dilettanten-Kicker: San Marino
40. BONUS: Genuss-Region Piemont: Von Asti und Grisini bis Barolo und Gorgonzola

Patchwork-Landschaft in der Emilia Romagna

E55
SS16
A14DIR
36. Ravenna
SS67
ITALIEN
Adria
E45
Forlì
Cesenatico
SS16
Cesena
E55
38. Calises
A14
SS3BIS
38. Savignano sul Rubicone
Rimini
37. + 38. Santarcangelo
E45
39. San Marino
37. San Leo
37. Pennabilli

36. UNESCO-Weltkulturerbe und Guerilla-Bilder: Ravenna ist ein Muss für Mosaik-Fans

Wer Mosaike nicht unbedingt selbst legen, aber besonders schöne und coole anschauen möchte, ist richtig in Ravenna. Die Metropole der Mosaike beeindruckt mit einzigartigen spätantiken Kunstwerken, begeistert mit modernen Ateliers, Museen zum Staunen und seltsamen Bildern an Hauswänden. Der perfekte Guide: eine deutsche Restauratorin und Künstlerin.

Diese Adria-Stadt verdreht jedem Gast den Kopf! Nicht, weil Ravenna eine Liebe auf den ersten Blick wäre, dafür flirrt zu wenig Dolce-Vita-Flair durchs akkurate beige bis rostrot aufgehübschte Altstadtgassen-Trapez, wo manche schöne Piazza unschön zugeparkt ist. Nein, fürs Kopfverdrehen sorgen Ravennas Kirchen- und Gewölbedecken, Rundbögen und Arkaden, auf die alle Besucherblicke wie Suchscheinwerfer gerichtet sind, steil nach oben, um unter erheblicher Nackensteife-Gefahr die dort zu besichtigenden Monumental-Mosaike abzuscannen. Bibelszenen und

„Familienbild" aus Stein-Pixeln in der Basilika San Vitale

„Familienfotos" byzantinischer Kaiserhöfe zumeist, aus Millionen fingernagelkleiner Steine gefertigt – am prächtigsten in der Basilika San Vitale und im angrenzenden Mausoleum der Galla Placidia. Beide aus dem 5. und 6. Jahrhundert, als Ravenna Hauptstadt des Römischen Reiches war. Von Bilderstürmern späterer Jahrhunderte und Weltkriegsbomben wurden diese einzigartigen UNESCO-Weltkulturerbe-Schätze verschont, weil die heute 154.000 Einwohner zählende Stadt meist abseits großer Kriegsschauplätze lag.

Daher sind Ravennas Mosaike so vollständig und vielfältig erhalten wie sonst wohl nirgendwo. Erinnerungen daran begegnen einem sogar zwischen aktueller Sommermode in der „Max Mara"-Boutique. Jedenfalls, wenn man mit der hier lebenden deutschen Künstlerin und Mosaik-Restauratorin Almuth Schöps nach Steinchen-Bildern fahndet: „Diese Ausbuchtung in der Boutique war früher die Apsis einer Kirche aus dem 6. Jahrhundert", erklärt sie. Später entweiht, wurde das Gotteshaus zur Fischhalle. Wesentliche Teile des Mosaiks sind im Auftrag des deutschen Kaisers gekauft worden und bis heute im Berliner Bode-Museum zu sehen. Die gebürtige Hamburgerin Schöps kennt die Geschichte genau, hat ein Buch darüber geschrieben. Und auch andere Mosaike wie die entrückten Pausbacken-Engel in der Basilika San Vitale holt sie ganz nah ran – mit ihren kundig-unterhaltsamen Erzählungen: „Da oben bei den Füßen des Engels begann mein erster Arbeitstag als Restauratorin – ich war irrsinnig aufgeregt!" Kein Wunder, durfte sie doch eines der wertvollsten Mosaike weltweit ausbessern und konservieren – fünf Jahre lang dauerte das, hoch oben auf einem wackeligen Gerüst, stets hin und hergerissen zwischen großer Arbeitsfreude und ebenso großer Angst, dass einzelne Steine auf Nimmerwiedersehen ins Gerüst oder schlimmer noch in die Kirche purzeln.

Luca Barberini hat sein Atelier mitten in Ravenna.

Im Nu beamt Almuth Schöps ihre Gäste aus dem 6. Jahrhundert ins Hier und Jetzt – geradewegs ins Atelier ihres Mosaik-Künstler-Kollegen Luca Barberini. An den Wänden zottelige Mangas,

Schlachtengetümmel-Bilder und eine raumhohe, stilisierte Hochhausfassade mit Alltagsszenen in jedem postkartengroßen Fenster – ein streitendes Paar, ein Zimmer mit Weihnachtsbaum oder ein Stillleben aus Blumen – alle mit Fingerspitzen komponiert aus bunten Steinchen: Luca, der Pop-Artist unter Ravennas Mosaizisten, gewährt mit Partnerin Arianna Gallo Einblicke in seine Werkstatt „Koko Mosaico", bietet pfiffige Unikate ab 50 Euro.

Barberini schafft Alltagsszenen ...

Ravenna-Besucher bekommen nach einigen Tagen unweigerlich den „versteinerten" Blick, sehen plötzlich überall Mosaike: Sie sind eingearbeitet in die bunten Straßenschilder, an Blumenkübeln in der Fußgängerzone, ins Sparkassen-Logo, den Torbogen der Via Cavour Nr. 85 und das Pflaster der Via Matteotti. Die simpelsten Motive aber kleben an 40 Hausfassaden: Figuren des Computerspiels Space Invaders aus Küchenfliesen – umstrittene Street Art des Pariser Künstlers „Invader", zu sehen etwa am Haus Via di Roma 59 und Via Boccaccio 2. Mit diesem modernen, öffentlichen Mosaikmix gewinnt Ravennas Stadtbild eine ganz eigene Note und bietet beim Stadtbummel pfiffige „Ich-sehe-was-was-Du-nicht-siehst"-Momente.

... mit ganz wenigen Mosaiksteinen.

Das ganze Abenteuer der Mosaike – Tutta l'Avventura del Mosaico, kurz TAMO – verspricht das gleichnamige Museum und lohnt den Besuch wirklich. Erstens, weil hier mal keine Nackenstarre droht – dank permanentem Blick nach unten auf riesige, fast 2000 Jahre alte Bodenmosaike

Space Invader an einer Hauswand ...

aus römischen Villen. Und zweitens, weil sehr plastisch erklärt wird, auf welchen ausgeklügelten, mehrschichtigen Fundamenten diese XXL-Fußbodenbilder ruhen. Almuth Schöps möchte zum Schluss gerne noch Ravennas zweites Museum mit großer Mosaik-Ausstellung zeigen, das Museo d'Arte della città di Ravenna (MAR). Entlang seiner Ausstellungsstücke bietet es eine Zeitreise durch verschiedene Mosaik-Epochen der Stadt, endend in der Gegenwart bei aus der Wand guckenden Einhörnern, großformatigen Mosaik-Comics und Steinchen-Wimmelbildern sowie einem mannshohen goldglitzernden Strohballen vorm Eingang. Und dann ist da noch ein Bild, gut einen Quadratmeter groß, bestehend aus einem schmalen unteren Rand weißer, beiger und grauer Mosaiksteine mit großem stellenweise etwas welligem grauen Blech darüber. Rätselraten bei den Besuchern: Ein schmaler Strand vielleicht mit grauem Meer davor? Oder ein Streifen Land mit grauem Regenhimmel darüber? Amüsiert

... und Mosaik-Wimmelbilder im Museum

beobachtet Almuth Schöps das Kopfzerbrechen und sagt: „Genau das wollte die Künstlerin erreichen. Das Bild heißt ‚Windstill' und ist übrigens von mir …"

Sogar manche Straßenschilder sind aus Mosaiken gestaltet.

Info

Lage: Ravenna liegt zwei Autostunden südlich von Venedig.

Anfahrt: Lufthansa sowie Ryan Air fliegen zum nächstgelegenen, größeren Flughafen Bologna. Von dort ist Ravenna per Bus oder Mietwagen, über die E45 und A14 in etwa einer Stunde erreichbar.

Öffnungszeiten:

- TAMO: montags bis freitags, von März bis Ende Mai 10 bis 18:30 Uhr, von Juni bis Anfang Oktober 10 bis 14 Uhr, von Oktober bis 24. Dezember 10 bis 17 Uhr. 26. Dezember bis Anfang Januar täglich 10 bis 18 Uhr
- MAR: Dienstag bis Samstag 9 bis 18 Uhr, Sonn- und Feiertag 14 bis 18 Uhr

Eintritt: Anfragen zu Touren nimmt Almuth Schöps an unter info@almuthschoeps.com oder Tel.: +49 173 6328030

- TAMO: 4 Euro
- MAR: 6 Euro

Websites:

- kokomosaico.com
- tamoravenna.it
- mar.ra.it

37. Rimi-nie! Hinterland – si! Die versteckten Adria-Dörfer

Keine Lust auf Adria-Ferien im Urlauberschließfach aus Beton mit überteuertem Strandliegeplatz? Die nahen, noch nicht überlaufenen Dörfer des Mareccia-Tals bieten Grusel-Gruben, geheimnisvolle Geschichten und unverfälschtes Postkarten-Idyll.

Pennabili, eines der schönsten Hinterland-Dörfer

Helga hat es schon vor mehr als 20 Jahren geahnt: Die Tourismus-Zukunft der Adria liegt nicht am lärmigen Partystrand mit seinen bis zu 27-stöckigen Bettensilos und regelmäßigem Verkehrsinfarkt. Sondern in der lieblichen grünen Hügellandschaft westlich davon. Deshalb erklärte Helga Schenk den verdutzten Prüfern damals beim Reiseleiter-Examen, sie wolle keine Fragen zur Küste, denn dort werde sie garantiert nicht arbeiten. Dieses konsequente „Rimi-nie! Hinterland – si!" hatte Folgen: Helga Schenk bekam ihre Zulassung nur in limitierter Ausführung – für 20 Kleinkleckersdörfer sozusagen.

Sie heißen Santarcangelo, Pennabilli oder San Leo, liegen versteckt im Mareccia-Tal und sind allesamt Helgas Heimspielorte. „Santarcangelo ist durchlöchert wie ein Schweizer Käse", sagt die gebürtige Deutsche und

Giorgio Gallavotti in seinem Knopfmuseum mit Guide Helga Schenk ...

stößt das Tor auf zu einem unterirdischen Tunnel. Er führt in ein Labyrinth von etwa 150 Gruben. Im Funzellicht ihrer Taschenlampe führt Helga hinunter und schwärmt bedeutungsschwanger: „Bis heute ist nicht klar, wozu die Gruben dienten". Ein Fluchtsystem der nahen Burg? Eine religiöse Kultstätte – wegen der ins Tuffgestein modellierten Säulen? Oder nur Lagerstätte für Wein und Essen, weil es hier unten ganzjährig 12 bis 13 Grad kühl ist? „Sicher ist, so manche Grube diente schon als Kreißsaal", sagt Helga und klärt dann auf: „Im Zweiten Weltkrieg, als hunderte Familien sich hier versteckten, wurden Kinder geboren, die im ersten Jahr so gut wie keine Sonne sahen und später vorsichtig dran gewöhnt werden mussten." Der Gruben-Besichtigungs-Gesellschaft läuft ein leichter Schauer über den Rücken. „Giorgio!", ruft Helga plötzlich durch einen senkrechten Schacht nach oben. Und erntet von dort ein deutlich hörbares „Si?"

... Alfonso Marchi und ...

Die Antwort kommt von Giorgio Gallavotti, dem Besitzer des örtlichen Knopfmuseums, gut zehn Meter über der Grube. Der ehemalige Kurzwarenhändler konnte sich nicht recht trennen von seinem Laden und hat ein Museum draus gemacht – mit inzwischen 10.500 Knöpfen aus Perlmutt und Elfenbein, Hirschhorn und Bernstein – die ältesten trug Großkaufmann Medici im 16. Jahrhundert an der Jacke. Ein paar Kopfsteinpflastergassen weiter in Santarcangelos verwinkelter, von kleinen Läden gesäumten Altstadt wartet Alfonso Marchi, ein Mann, der offenbar gerne im Hamsterrad arbeitet. Seines hat einen Durchmesser von 6,26 Metern und funktioniert seit 378 Jahren: Signore Marchi steigt

... Assistent Enzo

auf die Innenseite der Eichenholz-Felge, schreitet darin vorwärts, und schon dreht sich das Riesenrad. Der Sinn: Es bewegt zwei tonnenschwere Steinplatten, zwischen denen Stoffe geplättet werden. Sie sind kurz zuvor von Assistent Enzo in Handarbeit mit spezieller Rostfarbe bedruckt worden. Tischdecken, Servietten oder Taschentücher aus Marchis Manufaktur – eine begehrte Rarität.

Weiter geht's mit Helga in die wahrscheinlich kleinste Ex-Hauptstadt der Welt: Das 3000-Seelen-Dorf San Leo wurde vom hierher geflüchteten König Berengar II von 961 bis 963 zu Italiens Regierungssitz erklärt – „mit schmerzlichen Folgen für die Bürger, denn San Leo befand sich diese drei Jahre im Dauerbelagerungszustand", erklärt die Reiseleiterin – der heute eigentümlich unmöbliert wirkende, dreieckige Marktplatz wurde quasi zum Gefängnis. Gute Idee, fanden offenbar die Päpste im 18. Jahrhundert und kerkerten in der wuchtigen, lange uneinnehmbaren Festung oberhalb von San Leo reichlich Kritiker, Ungläubige und andere per Inquisition Verfolgte ein. Vor dem bekanntesten Insassen hatten die Kirchenmänner so viel Angst, dass sie ihm eigens eine Zelle ohne Tür bauen ließen. Giuseppe Balsamo, besser bekannt unter seinem Künstlernamen Graf Cagliostro wurde durch eine heute noch zu bestaunende Deckenöffnung ins Verlies mit Holzpritsche und winzigem Gitterfenster herabgelassen. Der Grund: „Der geheimnisvolle Freimaurer, Arzt und Alchimist stand beim Vatikan in Verdacht, er könne Aufseher verhexen und durch Türen gehen, ohne sie zu öffnen", erzählt Helga verschmitzt. Hatte der zwielichtige Hochstapler doch zuvor mit Casanova schon die Lotterie erfunden, eine altägyptische Sekte gegründet und in Paris mit Königin Marie-Antoinette angebändelt. Immerhin, Cagliostro wird bis heute als Unikum gefeiert – jährlich an seinem Todestag, dem 26. August, mit dem Alchimie-Fest der Gaukler und Wahrsager in San Leo.

Die Festung San Leo klebt an einem Felsen.

Pennabilli, etwa eine halbe Autostunde entfernt, ist ein schönes Feierabend-Ziel. Denn so ab 17 Uhr steht die Sonne tief genug, um Häuserfassaden in rosa und weinrot sowie die prächtige Front der San-Lorenzo-Kirche in kräftigem orange leuchten zu lassen. Zwei alte Frauen mit Kopftüchern humpeln Richtung Portal. Am Brunnen davor halten der örtliche Metzger und sein Nachbar ein Schwätzchen, eine Vespa knattert über den Platz. Könnte die Eröffnungsszene aus einem Bella-Italia-Sehnsuchtsfilm sein, ist aber Realität pur. Helga lotst ihre Gäste unter einem Torbogen durch in den „Garten der vergessenen Früchte". Nein, kein Biohof, sondern das Kunstwerk des hier ansässigen Tonio Guerra, eines Freundes von Filmregisseur Federico Fellini. Ihm zu Ehren installierte Guerra eine Sonnenuhr in den Garten, die täglich um 15 Uhr das Konterfei von Fellini als Schatten auf einen Stein projiziert.

Pennabilis Piazza – zugleich Nachrichtenzentrale des Ortes

Info

Lage: Das Mareccia-Tal liegt etwa eine knappe Autostunde westlich von Rimini.

Anfahrt: Mit dem Flugzeug z. B. von Frankfurt, München oder Berlin zum Flughafen Rimini, von dort weiter im Mietwagen über die SP258 bzw. SS9.

Öffnungszeiten: keine

Eintritt: Mareccia-Tal-Touren mit Helga Schenk, Gruppen bis 25 Personen pro Stunde 30 Euro, exklusive Eintrittsgelder für Museen etc. hschenk@helgaschenk.eu

Website: riminiurlaub.it/kategorien/ortschaften

38. Alea iacta est: Der Rubikon ist überschritten – aber wo genau?

Immer zitieren Politiker diesen kleinen Fluss, wenn's heikel wird: Christian Wulff bei der Berichterstattung über seine Kreditaffäre, Helmut Kohl bei der Euro-Einführung. Demnächst wird garantiert wieder der Rubikon zitiert, den Caesar vor gut 2000 Jahren mit seinem Heer überschritt und Weltgeschichte schrieb. Bis heute zanken drei mittelitalienische Dörfer darum, wo dieser Fluss entlang plätschert. Eine Spurensuche.

„Noch können wir zurück. Doch wenn wir diese kleine Brücke überschreiten, wird alles mit Waffen auszutragen sein." Bedeutungsschwanger rief Julius Caesar diese Tageslosung im Morgennebel des 10. Januar 49 v. Chr. seinen Truppen zu, auf dem Nordufer des Flüsschens Rubikon. Behauptet jedenfalls Sueton, Caesars Biograph, der offenbar ein schlampiger Geograf war. Kein Wort von ihm dazu, wo genau diese Brücke stand, über die Caesar nun sein Heer führte, von dort mit dem berühmten Satz „Die Würfel sind gefallen" gen Rom zog, um Widersacher Pompeius zu besiegen und erneut Konsul zu werden. „Natürlich war's unsere Brücke", sagt Enzo im „Caffè Centrale". Darum ja der Würfel-Spruch am Brückenpfeiler, darum die übermannsgroße Caesar-Büste obendrauf. „Und darum natürlich

Julius Caesar wacht über der Rubikon-Mündung.

der Name unseres Ortes: Savignano sul Rubicone", benannt nach dem Bächlein, das Caesar überschritt und dessen Name seitdem für unwiderrufliche Entscheidungen steht. „Ja klar, an unserer Brücke war's!", schallt es mehrstimmig von der Theke des Cafés. Doch warum grinsen diese Campari-Genießer dabei so verschmitzt?

Savignano sul Rubicone trägt den Rubikon im Namen ...

Vermutlich, weil sie an die schlitzohrigen Vorfahren dieser 17 Kilometer westlich von Rimini gelegenen Stadt denken. Ihr Motto: Wenn Geschichtsschreiber es nicht hinkriegen, schreiben wir eben selbst Geschichte. Besser noch: Wir lassen schreiben – von einem, dessen Tinte so schnell keiner wieder löscht: Mussolini! Der italienische Faschistenführer ließ sich in den frühen dreißiger Jahren auf dem Weg zu seiner Strandvilla oft über Savignanos Brücke kutschieren, erzählt Ex-Bürgermeister Alberto Casadei. Beim Espresso-Stopp haben die Stadtoberen den Duce einfach mal gefragt, ob er ihren Bach namens Fiumicino nicht in Rubikon umbenennen könne. Mussolini hielt sich länger schon für Südeuropas Neuzeit-Caesar und taufte den von ihm überquerten Fluss gern auf Rubicone – per Dekret vom 4. August 1933. Für die Stadtväter quasi ein Adelstitel, den sie flugs als „sul Rubicone" an Savignano, den Namen der Stadt, flanschten.

... Senor Marchi verortet ihn nach Santarcangelo.

Bei der Tour durch Weinberge und Sonnenblumenfelder dieser lieblichen Gegend mit Toskana-Charme, vorbei an grünen mit Kastellen gekrönten Hügeln, wird schnell klar, die Rubicone-Beute aus dem Mussolini-Handstreich ist den 17.000 Einwohnern Savignanos keineswegs sicher. Schon im Nachbarort Santarcangelo schütteln sie energisch

Santarcangelo hat Kopfsteinpflaster-Gassen ...

den Kopf, sobald man in den bunten, belebten Kopfsteinpflastergassen die Fluss-Frage anspricht, etwa bei der Touristen-Information oder in Alfonso Marchis historischer Druckerei. Nein, nicht Savignanos Fiumicino, sondern Santarcangelos Flüsschen Uso sei der wahre Rubikon, sogar mit päpstlichem Segen von 1748. Signore Marchi hat Beweismaterial zur Hand, fischt einen großformatigen, historischen Atlas namens „Tabula Peutingeriana" hervor und weist siegessicher drauf hin, sie gehe nicht nur zurück auf antike Karten, sondern stamme vom berühmten deutschen Mittelalter-Kartografen Peutinger – „Hier, lesen Sie selbst!" Gesagt, getan: Darin findet sich ein Rubicone nah bei Santarcangelo, vor allem aber die Gebrauchsanweisung, der zufolge Flüsse in dieser Karte „nur in den seltensten Fällen mit ihrem tatsächlichen Verlauf auch nur annähernd übereinstimmen".

... und einen imposanten Torbogen.

Ein Flop, der im 15 Kilometer entfernten Calisese nicht passieren kann – dank Asterix. Ja, der kleine Lokalhistoriker Rino Zoffoli sieht dem Comic-Gallier ziemlich ähnlich und sprudelt beim Thema Rubikon los, als habe er zu viel Zaubertrank genippt: Der Ortsname Calisese setze sich aus Callis (Pfad) und Caesare zusammen: Caesars Pfad – na klar. Nun ja, nicht eindeutig bewiesen sei das, murmelt Zoffoli in seinen Bart und schiebt gewitzt gleich Bedeutungs-Variante Nummer zwei hinterher: Calles Caesae, also Pfade des Gemetzels. Eine der beiden Übersetzungen sei bestimmt richtig, meint Zoffoli, immerhin gäbe es ja diese alte Volkssage von der Schlacht in römischer Zeit, die genau hier stattgefunden habe.

Lido Zoffoli neben dem Kunststoff-Caesar ...

Dazu noch Caliseses Kirche San Martino, erbaut etwa 800 n. Chr., die übrigens seitdem schon den Zusatz „Rubicone" trage „und nicht erst von Mussolinis Gnaden." Ja, dieser Coup der Konkurrenz sitzt tief, auch bei Zoffoli: „Unsere Caesar-Statue steht zwei Jahre länger als die in Savignano", zischt er und führt in den Olivenhain an der Hauptstraße, zu einem Sockel mit heutiger Plastik-Römerbüste, die eher aussieht wie Phil Collins, in eine Toga gewandet. Gleich daneben das Flüsschen Urgon – natürlich der einzig wahre Rubikon. Jedenfalls wenn man hier im Ort fragt oder auf das Schild an der Brücke schaut. Wer's jetzt noch nicht glaubt, hinter der Kirche im Bürgerzentrum (namens „Pro Rubicone" ...) gibt's außer Espresso und Bier auch eine randvolle Vitrine mit Rino Zoffolis Beweisschriften, übersetzt ins Französische, Englische und Deutsche. Asterix hat vorgesorgt, falls die Rubikon-Frage eines Tages vor einem UN-Historiker-Tribunal verhandelt wird.

... und seiner Beweis-Landkarte

Höchste Zeit wär's ja, immerhin schwelt der Streit nun schon Jahrhunderte. Schuld daran sind – außer Caesars nicht ganz ortsfestem Biografen – auch einheimische Bauern und emsige Wasserwirtschaftler. Sie verlegten den Flusslauf immer mal wieder, nachdem der Rubikon Felder überschwemmt und Saat vernichtet hatte.

Info

Lage: Die Rubikon-Dörfer liegen etwa eine halbe Autostunde westlich von Rimini.

Anfahrt: Mit dem Flugzeug z. B. von Frankfurt, München oder Berlin zum Flughafen Rimini, dort weiter per Mietwagen über die SS9.

Öffnungszeiten: keine

Eintritt: keine

Website: keine

39. Im Zwergstaat der Dilettanten-Kicker: San Marino

Europas zumeist schlechtestes Fußball-Nationalteam bolzt in San Marino und erträgt selbst zweistellige Länderspiel-Niederlagen. Besichtigen sollte man San Marinos Kicker-Truppe allerdings erst nach allen anderen Sehens- und Merkwürdigkeiten dieser ältesten Republik der Welt.

Sie stehen immer im Keller: auf einem der letzten Plätze, manchmal auch dem letzten der Europarangliste. Und in der FIFA-Weltrangliste rangieren sie meist ebenfalls zwischen hinten und ganz hinten. Kein Zweifel, San Marino zählt zu den schlechtesten Fußball Nationalteams auf dem Globus. Eine Schießbuden-Truppe mit Klatschen-Abo: Qualifikationsspiele zu Welt- und Europameisterschaften verliert sie regelmäßig, viele davon zweistellig: 0:13-Heimniederlage gegen Deutschland in der EM-Quali 2007, die Niederlande bejubelten ein 11:0 und selbst Fußball-Mittelmaß-Mannschaften wie Norwegen schenkten den Kickern aus dem Zwergstaat mitten in Italien zehn Tore ein. Gewonnen? Ja, haben die San Marinesen auch schon: Gegen Liechtenstein. 1:0 in einem Freundschaftsspiel – damals, 2004 …

Ritter Rost – nicht nur für Kinder ein Hingucker

Frust? Fremdschämen wegen ihrer Rumpelfußballer? Oder gar Minderwertigkeitskomplexe? Nichts davon ist spürbar, wenn man sich San Marino nähert. Gut 20 Kilometer westlich von Rimini thront der Bonsai-Staat auf einem drei Kilometer langen schroffen Felsmassiv namens Monte Titano und ist nicht mal so groß wie die Insel Föhr. Dafür aber stolz: „Benvenuti Nell'Antica Terra Libertà" verkündet das Schild am San Marinesischen Grenzdorf Chiesanuova: „Herzlich willkommen im alten Land der Freiheit!" Jeder hier kennt die Geschichte dahinter, auch der schwarzgelockte Charmeur Antonio. Er präsentiert die Kurzfassung, nachdem er freundlich einen Parkplatz fürs Auto der Gäste organisiert hat: „Im Jahr 301 flüchtete der christliche Steinmetz Marinus vor seinen römischen Verfolgern auf diesen Berg, gründete eine Gemeinschaft von Gleichgesinnten. Seit 1263 ist das nach diesem Mann benannte San Marino eine Republik – die älteste der Welt. Schulpflicht schon seit 1691, Todesstrafe 1865 abgeschafft – wir sind zweifellos einer der fortschrittlichsten Staaten überhaupt", sagt Antonio selbstbewusst. „Noch Fragen?" Ja, hätten wir – zur Nationalmannschaft des Landes ... Doch Antonio kontert blitzschnell wie sonst nur der FC Barcelona: „Unsere Kicker halten einen Weltrekord, der vermutlich niemals gebrochen wird: Das schnellste Länderspieltor der Geschichte – Davide Gualtieri im Jahr 1993 zum 1:0 nach 8,3 Sekunden – und das gegen England!"

San Marino – eine begehbare Burganlage

Weiter oben, bei den drei Festungen San Marinos, dominieren andere Tore – aus Stein. Ihre Torhüter tragen vorzugsweise gelb und dirigieren durchfahrende Autos so theatralisch wie einst Olli Kahn seine Abwehr. Und mindestens so schweißtreibend – angesichts von drei Millionen Touristen im Jahr, die die Serpentinenstrecke bis zu den Parkplätzen unterhalb der Hauptstadt hochkurven. Die restlichen Kilometer sind im Gefolge einer internationalen Turnschuhkarawane hochzukraxeln, doch für zwickende Waden und den einen oder anderen Ellenbogencheck in der Besuchermenge wird man belohnt: mit 360-Grad-Panorama-Ausblicken. Bei gutem Wetter bis nach Rimini an die Adria. Und bei schlechtem? Dann gibt's über dem nahen Marecchia-Tal oft genug ein hochdramatisches Schauspiel aus dunkel-dräuendem Himmel mit Wolkenbruch und fotogenem Regenbogen.

Bei gutem Wetter reicht der Blick bis nach Rimini.

Nach dem Erbauungs-Rundblick packt die meisten San-Marino-Besucher der Eroberungseifer: Zuerst soll Festung Nummer 1 eingenommen werden – „La Rocca", der älteste Turm auf 756 Meter Höhe, aus gelbem Stein, scheinbar dem Felsen entwachsend, mit Quadersteinen und Zinnen, wurde bis 1970 als Gefängnis genutzt. Wie in der Kulisse eines Ritterfilms ist „La Rocca" per Brücke mit „La Cesta", der zweiten Festung, verbunden, von der wiederum ein schmaler Weg zur dritten, „La Montale", führt. Wer hier sozusagen auf dem Gipfelmassiv des Monte Titano wandelt, der tut es oberhalb der Wasserlinie von Kitsch und Kommerz. Sie liegt eine Etage tiefer, in den Gassen der Altstadt von San Marino.

Neonbeleuchtete Souterrains, vollgestopft mit nachgemachten Handtaschen von Gucci bis Louis Vitton. Daneben in die Gasse gerollte Garderobenständer mit Fußballtrikots gefolgt von Modeschmuck- und Uhrenläden. Pizzageruch mischt sich mit billigen Parfüm-Schwaden und osteuropäischen Sprachfetzen. San Marinesen wie Antonio, der Parkplatz-Charmeur, sind stolz darauf, dass in der Hauptstadt absolutes

Waffenverbot herrscht. Jedenfalls für Besucher. Nicht jedoch für Schaufenster. Denn viele davon sind randvoll mit Pistolen, Revolvern, Armbrüsten und Säbeln. Vorm Eingang steht eine Soldatenpuppe in Tarnuniform mit Panzerfaust. Angesichts von so viel Aufrüstung ist es enorm beruhigend, dass San Marino schon 1970 den Atomwaffensperrvertrag unterschrieben hat. Doch schon wenige Häuser weiter kommen Zweifel auf, ob die etwa 30.000 Einwohner wirklich harmlos und friedliebend sind. Warum nur gibt es hier ausgerechnet das „Museo de la Tortura" – ein Foltermuseum, in dem Kniespalter und die „Eiserne Jungfrau" zu besichtigen sind, ein mittelalterlicher Hohlkörper, der gerade Platz für einen zu quälenden Menschen bot. Einmal darin eingezwängt, schlossen Folterknechte die Tür mit der Folge, dass sich Eisenstäbe durch den Körper des Opfers bohrten.

San Marinos Hauptstraße beherbergt unter anderem ein Kuriositäten-Museum.

Info

Lage: San Marino liegt eine knappe Autostunde westlich von Rimini.

Anfahrt: Mit Lufthansa oder Alitalia z. B. von München oder von Frankfurt/Main nach Rimini, von dort weiter im Mietwagen über die SS72.

Öffnungszeiten: keine

Eintritt: keine

Website: visitsanmarino.com

40. Genuss-Region Piemont: Von Asti und Grissini bis Barolo und Gorgonzola

Wohl in keiner norditalienischen Region ist die Vielfalt kulinarischer oder einfach leckerer Spezialitäten so groß wie zwischen Lago Maggiore und Genua. Hier sind beispielhaft sechs süße und salzige, flüssige und trockene, käsige und fleischige Köstlichkeiten und ein überraschender Duft.

Kirsche und ...

Am Anfang war die Piemont-Kirsche. Jedenfalls ab 1957 für viele Deutsche, die Italien als Urlaubsziel entdecken wollten – am liebsten im Cabrio. So wie später Claudia Bertani, die stets luftig gekleidete Qualitäts-Kontrolleurin, die bei den muskelbepackten Pflückern jedes Jahr wieder checkte – ja, was eigentlich? Die Süße? Die Rotwangigkeit oder die Größe der Kirschen, die später zur Schoko-Praline verarbeitet werden sollen? Ein genialer Marketing-Gag der Firma Ferrero – sowohl die Dame als auch die Piemont-Kirsche. Letztere gibt es zwar als eingetragene Marke, nicht aber als Obstsorte.

... Grissini zählen zu den Piemont-Köstlichkeiten.

Ganz anders als Asti Spumante – ebenfalls ziemlich süß und Ursache so manchen Dickschädels nach reichlichem Genuss dieses Schaumweines. 1865 stellte Carlo Gancia den ersten Asti Spumante her, nachdem er in Reims gelernt hatte, wie man Champagner herstellt. Allerdings begnügte sich Gancia mit nur einem alkoholischen Gärvorgang, nicht zweien wie beim Champagner. Benannt ist Asti nach der gleichnamigen Stadt im südlichen Piemont.

Asti ist nach einer Stadt benannt ...

Grissini, die fingerdünnen, etwa 30 Zentimeter langen Brotstangen, haben ihren Namen vermutlich vom piemontesischen Wort ghersìn, ghersa für „Reihe". Woher genau die mürben Appetithäppchen im Piemont stammen, ist unklar. Einer Legende zufolge soll der Bäcker Antonio Brunero sie erstmals 1675 für den Herzog Vittorio Amadeo II von Savoyen erfunden haben, weil dieser Verdauungsprobleme hatte. Die traditionellen vor allem in Turin gereichten Grissini sind an ihrer typischen verdrehten Form zu erkennen.

Der trockene Rotwein Barolo hat seinen Namen von der piemontesischen Stadt etwa 15 Kilometer südlich von Alba. Er wird ausschließlich aus Nebbiolo-Trauben hergestellt, die nur aus elf Regionen der Barolo-Gegend Barolo stammen dürfen. Sie reifen spät, was im 18. Jahrhundert zunächst dazu führte, dass die alkoholische Gärung in den kalten Wintermonaten unterbrochen wurde und der Barolo nicht komplett durchgegoren war. Dieses Problem löste der französische Önologe Louis Oudart. Er ließ neue unterirdische Weinkeller bauen, in denen gleichbleibende Temperaturen herrschen. So entstand der Barolo als

... ebenso wie der Rotwein Barolo.

trocken ausgebauter Rotwein und wurde zum Modegetränk in Turin und im Haus Savoyen.

Beim Gorgonzola sind sich die Käse-Historiker nicht einig, ob er im 9. Jahrhundert nun in der Lombardei oder im Piemont erfunden wurde. Aber die Geschichte seiner ersten Herstellung, die wird fast überall so erzählt: Ein Senner bekam während des abendlichen Melkens Besuch von einer verführerischen Magd. Sie trieb es mit ihm bis zum frühen Morgen, sodass der Melker todmüde die frische, morgens gemolkene Milch mit der der geronnenen des Vorabends zusammenschüttete. Daraus entstand angeblich ein neuartiger Käse, den Freunde des Melkers „Stracchino di Gorgonzola" – den Müden von Gorgonzola – nannten, in Anspielung auf den Zustand ihres Freundes.

Gorgonzola – angeblich benannt nach einem durch die Liebesnacht ermatteten Melker

Konditor Pietro Ferrero hatte 1940 die Idee zu Nutella, allerdings unter anderem Namen: Er mischte einen Brotaufstrich auf Nougatbasis zusammen und nannte ihn folgerichtig „Giandujot"– nach dem italienischen Wort für Nougat. 1951, mit veränderter Rezeptur, nannte Hersteller Ferrero die braune Masse „Supercrema". Aber nur bis 1962, denn nun verbot ein italienisches Gesetz alle Markennamen, die das Wort „Super" enthielten. Der neue und bis heute weltweit bekannte Name: Nutella, eine Zusammensetzung aus dem englischen „Nut“ (Nuss) und der italienischen Verkleinerung „ella“. Das erste Glas mit diesem Namen lief am 20. April 1964 vom Band.

Und dann ist da noch dieses Parfüm: „… wie ein italienischer Frühlingsmorgen nach dem Regen – Orangen, Pampelmusen, Zitronen, Bergamotte, Cedrat, Limette und die Blüten und Kräuter meiner Heimat“. So schwärmte Giovanni Maria Farina 1708 über einen neuen Duft: „Er erfrischt mich, stärkt meine Sinne und Fantasie.“ Was der Mann aus Santa Maria Maggiore in einem Brief an seinen Bruder so blumig beschrieb, nannte er „Acqua mirabilis“ – Wunderwasser. Giovanni Maria Farina wanderte auf der Suche nach Arbeit aus dem armen Valle Vigezzo (siehe Tipp 10, Seite 65) aus und nannte sein Duftwässerchen bald darauf zu Ehren seiner neuen Wahlheimat „Eau de Cologne“ – „Kölnisch Wasser“.

Sogar Kölnisch Wasser stammt aus dem Piemont …

… ebenso wie Nutella.

Bildnachweis:

Alle Bilder von Stephan Brünjes außer:

Archivio Comune di Mantova S. 139, 140, 141o, 141u | Archivio Gelato Museum S. 180, 181, 183 |Baldo Simone cc by-sa 4.0 S. 75 | Basilica of Saint Anthony of Padua cc by-sa 4.0 S. 112, 113 | Brett Jordan S. 215u | Comune_di_Caorle S. 115u | David Spender cc by 2.0 S. 100 | donald cc by-sa 3.0 S. 217u | Filippo Fossati Archivio Fotografico ATL della Provincia di Novara S. 82/83, 84, 85 | Giò-S.p.o.t.s. cc by 2.0 S. 76 | Jean-Pierre Dalbéra cc by 2.0 S. 78, 81 |Jörgens.mi S. 110 | JojoParis cc by-sa 3.0 S. 217o | Lupo cc by-sa 2.5 S. 77 | Map4news S. 12, 13, 16, 64, 104, 138, 164, 196 | Marco Benedetto Cerini S. 66u, 67u, 68, 70 | Museo dello Spazzacamino S. 65, 66o, 69 | Nazasca cc by-sa 4.0 S. 98 | Nigab Pressbilder cc by 2.0 S. 215o | ph_Archivio Distretto Turistico dei Laghi S. 62/63 | public domain S. 74 | Rachel Black cc by-sa 2.0 S. 216 | Roberto Dapino cc by-sa 3.0 S. 79 | stefanotermanini – stock.adobe.com Coverbild | Steffen Schmitz (Carschten) Wikimedia Commons S. 99 | Ulrike Leone Pixabay S. 214u | Wolfgang Eckert Pixabay S. 214o